passion

of the books, by the books, for the books

尋找那本神奇的書。

Searching for That Magical Book

與六位中學生談閱讀，以及少年人的新世界

郝明義

Passion 26

尋找那本神奇的書：

與六位中學生談閱讀，
以及少年人的新世界

Searching for That Magical Book

作者：郝明義
責任編輯：張雅涵
美術設計：林育鋒
校對：呂佳真

法律顧問：董安丹律師、顧慕堯律師
出版：英屬蓋曼群島商網路與書股份有限公司台灣分公司
發行：大塊文化出版股份有限公司
台北市 105022 南京東路四段 25 號 11 樓
www.locuspublishing.com
TEL：(02)8712-3898 FAX：(02)8712-3897
讀者服務專線：0800-006689
郵撥帳號：18955675
戶名：大塊文化出版股份有限公司

總經銷：大和書報圖書股份有限公司
地址：新北市 24890 新莊區五工五路 2 號
TEL：(02)8990-2588 FAX：(02)2290-1658
製版：瑞豐實業股份有限公司

初版一刷：2017 年 2 月
初版四刷：2021 年 4 月
定價：新台幣 260 元
ISBN：978-986-6841-83-5

獻給侯長蘭老師

目錄 Contents

前言

二〇一七年元月，台北上演一部電影《拆彈少年》（*Land of Mine*）。第二次世界大戰後期，德國擔心盟軍在丹麥登陸，所以埋了兩百多萬枚地雷。戰後，盟軍要德國戰俘負責清理這些地雷。這部電影講的是一些十來歲的德國少年戰俘，如何徒手清理一觸即發的地雷，並和督導的丹麥長官之間發生的故事。

同一時間，有一則外電。印度一名十四歲男孩札拉（Harshwardhan Zala），因為設計出一架可以幫助偵察和掃除戰場地雷的無人機，所以印度政府跟他簽了一個五千萬盧比（新台幣近兩千五百萬元）的合約，資助他繼續探索商業化的可能性。

地雷，隨著各種戰爭的持續，一路擴散成今天涵蓋七十餘國，總數多達一億餘枚。根據聯合國統計，每二十二分鐘就有一人死於或傷於地雷，所以札拉的發明很有價值。

地雷這個對人類和平與安全構成重大威脅的課題，因為一個少年而加大解決的可能，讓我很受鼓舞。

◎

我一直認為，台灣的少年面臨一個看來沒有地雷那麼致命，但是影響十分嚴重的課題，那就是在中學階段被考試教育破壞的閱讀。

如同身體發育在這個階段最需要豐富而均衡的飲食，少年人的心智也是。但實際上我們在這個階段的閱讀，不但在考試的壓力之下是貧瘠的，並且閱讀的胃口和習慣都遭到破壞而產生後遺症。

網路時代來臨，本來應該是人類前所未有，可以兼顧紙本與數位、文字與多媒體、靜態與動態閱讀的大好機會，但是在台灣，許多中學生因為父母的疑懼，一方面享受不到網路時代應有的開放學習和閱讀樂趣，一方面又被要求只能吞嚥教科書與參考書所代表的紙本書的枯燥與苦澀。

其結果，就是如一位同學曾經告訴我的：

在升學主義的巨浪中載浮載沉的難民，抱著的只有讀書這塊浮木。但若能踏上陸地，誰也不願再帶著這累贅。

雖然大家都明白在下次大浪來時一樣得緊攀它，但沒有人會想在呼吸自由空氣的時候，觸碰那被考試浸得腐朽的木頭。（楊賀鈞／文華高中）

讀書，在考試教育的中學階段被腐木化，因而太多人聞書色變。

這些影響不只發生在中學階段，還會持續到大學及其後。有人可能要多年之後才願意再嘗試碰觸閱讀書籍的機會。有人根本在大學畢業之後就再也不要聽到讀書這件事了。

十年前，我寫了《越讀者》，很廣泛地探討了網路時代的閱讀議題。有和中學生相關的，更多其外的。

《越讀者》出版之後，我有機會去一些中學校園演講，也收到許多中學生讀者的回饋，因此逐漸開始思考是否應該有一個版本更聚焦地只以中學生為對象，專門談中學階段閱讀需要注意的事情。

二〇一六年，我參加的一集電視節目邀請了四所中學學生談《越讀者》，其後，我找了個機會向其中六位同學請教他們的意見，也更確認了想寫這本書的念頭。

《尋找那本神奇的書》就是我綜合多年來注意到和中學生閱讀相關的議題，對這六位同學以及所有和我聯絡過的中學生的回答。

這本書和《越讀者》的相同點，都在於探討網路時代我們應該如何面對閱讀這件事。

不同點則在於：

《越讀者》的目標讀者包含成年人與學生，所有對閱讀這個議題感興趣的人。《尋找那本神奇的書》則只針對中學階段的學生。因為中學生有值得特別提醒的閱讀議題，聚焦在他們身上，可以讓這些議題更清楚。

《越讀者》涵蓋多種媒體、感官、領域的閱讀。今天網路和數位閱讀的便利，已經不需要特別強調也可以為大家所體會，所以《尋找那本神奇的書》特別聚焦在為什麼今天要格外注意紙本書和文字閱讀的價值上。

《越讀者》探討的主要是閱讀本身許多不同的樂趣和方法，與個人相關的知識架構。《尋找那本神奇的書》則聚焦在中學階段一些基礎的閱讀觀念和方法，此外，更希望說明閱讀與人生，以及與夢想的關聯。

書名之所以定為《尋找那本神奇的書》，就是因為相信閱讀是提升我們人生層次，發現並實踐夢想最方便的一條路，並且每個人都應該有機會找到一本讓自己人生產生神奇變化的書。

全書分三個部份。

第一部「為什麼網路時代還要讀書」。希望從網路時代已經十分便利、有趣、符合時代趨勢的多種閱讀可能，來對比為什麼我們還需要「讀書」，讀紙本書，尤其以文字為主要內容的紙本書。

第二部「從頭培養閱讀的胃口」。現階段中學教育對閱讀習慣的培養，有些破壞性的影響。最根本的，就是考試破壞了閱讀的胃口，以至於日後產生「聞書色變」的後遺症。所以這個部份集中在一些基本的焦點，來談如何培養閱讀的胃口。

第三部「尋找那本神奇的書」。閱讀有種種益處，但是如果閱讀沒法讓一件事情發生的話，那再多的益處也有遺憾。那件事情就是：讀到一本神奇的書，讓自己的人生在拿起那本書和放下那本書之間，產生根本的改變。要讓這件事情發生，有機緣、有難以操之在己的地方，但也有我們自己可以努力練習的地方。

書的最後，有一篇「結語：少年人的新世界」。談網路時代全球都在「英雄出少年」，但是台灣的少年卻被拘禁在考試教育所形成的監獄裡。少年人可以採取兩個行動來打破這個魔咒，透過對閱讀的重新認知與使用，對自己的人生有新的認知與提升。

感謝多年來以台中文華高中潘如玲老師為代表的許多學校老師給我的指點與鼓勵。感謝謝哲青主持的《青春愛讀書》節目。感謝以廖涵語、蕭于婷、孫如彤、楊安琪、鄧名豐、蔡文豪等為代表的許多同學提供的意見，並願意和我討論。

祝大家都能找到那本神奇的書。

第一部　為什麼網路時代還要讀書

1 不需要讀書的理由之一：每個人都是荷馬

這本書是要談讀書，但我們先從其實並不需要讀書的理由講起。尤其，在網路時代不需要讀書的理由。

今天我們熟悉的「書」這種東西，和人類的關係發生得很晚。

地球有幾十億年，最早的人類有六、七百萬年。但是文字的發明，不論中西，都不過五、六千年的事；紙張，從東漢蔡倫發明算起，不到兩千年；印刷術，在中國大約一千四百年，西方是五百多年。

書的出現雖然晚，人類的閱讀可不是。早從非常遙遠的過去，我們的閱讀就開始了。只是那時候的方式不同而已。

那時的閱讀可能是白天看地上野獸的足跡，可能是夜裡仰望天上的星星；可能是看山洞裡的壁畫，更可能是聽長輩的口述。

用口述、講故事的方式來傳播知識，是人類一直具備的本領。西方最早的歷史書，就來自於一位流浪的盲人荷馬。大約相當於中國西周晚期，在今天希臘和土耳其地區，荷馬四處吟唱為生。

荷馬講的木馬屠城的經過，以及其後有些人經歷的事情，後人記錄下來，就成了《伊利亞特》和《奧德賽》這兩本書，也就是西方最早的歷史書。

事實上，我們每個人都遇見過荷馬。

每個人的媽媽，都會是他最早的荷馬。早在我們還不會識字、不會讀書的時候，媽媽就是那個講故事來陪伴我們成長、幫我們認識這個世界的人。

我的媽媽，也是我的第一位荷馬。我永遠不會忘記她在一個冬天晚上講的故事。

她講還在山東老家的時候，村子有一家怎麼引來了黃鼠狼作怪。

那個黃鼠狼成了精，可以變化出人形，十分英俊瀟灑。他們找人作法，把黃鼠狼趕了出去，可他就每天坐到院子裡一個桶子上開罵。後來他們想到一個辦法，在桶子上塗了漆，想把黃鼠狼黏定在那裡。

但最後他還是脫逃，不過留了一片毛下來。

我還有第二位荷馬。

我是在韓國釜山出生的。一歲，剛會走路不久，患上了小兒麻痺。所以在我還沒上小學之前的童年，沒有同齡的玩伴。不過，有好一陣子，我有一個每天來家裡給我講故事的人。

他大我五歲，常常在放學後來陪我玩耍。

他家做南北雜貨生意，還兼營賭場，所以每天在三教九流的大人堆裡可以聽到許多稀奇古怪的故事，到了晚上就來我家講給我聽。

像他講一個飛刀王的故事，我到現在都記得很清楚。飛刀王是一名餐廳大師傅。他的刀法可以快到在自己的大腿上把肉剁爛，卻傷不到自己。

我封閉的童年生活，因為有這麼一個說故事的人而打開了一扇窗戶，把我和外面的世界連接起來。也因為我感受到有這麼一扇窗戶之奇妙，所以等後來他不再有時間來我家，就只好自己想辦法找故事、找小說來開始閱讀。

我們每個人都有個荷馬陪伴過我們成長。我們每個人也都可能自己就是荷馬。

然而，過去很長一段時間，這種口頭表達自己、說故事、傳播知識的途徑，都讓位給文字了。因為文字可以把我們敘述的事情記錄下來，不但在同一時代和不同地區的人分享，也可以留存下來讓後人閱讀。而用口頭表達就沒辦法。

上個世紀，收音機、錄音機、CD這些媒體出現之後，事情有了變化。我們使用聽覺來了解世界、知識的途徑重新有了機會。到網路出現之後，尤其近年來許多新的工具、媒體興起，說話的力量又讓我們看到新的可能。

荷馬是有遺憾的。他雖然講得精彩、生動，但是只有實際接觸過他的人才聽得到。並且，等他去世了，後來就再也沒有人能聽他的故事了。但是像TED這種媒體出現之後，卻彌補了他的遺憾。

許多人，透過一段十六分鐘的口頭表達，來敘述自己的遭遇、發明、發現，然後放在網路上讓全世界的人都一起分享。

TED說他們是把古老年代在篝火旁講故事的經驗，在現代重現。

事實上，用口頭表達自己、用說話來表達自己，本來就是人類古老的本領。網路興起，新的工具和媒體重新激發許多人原本就具備的演說技能，透過口頭來進行各種知性與感性的分享。

網路出現之前，只有文字和圖像的東西方便傳播；網路出現之後，聲音和聽覺終於也被解放了。

所以，在網路上有這麼豐富的各種內容可以學習的時代，哪需要再閱讀書籍？尤其是文字為主的書籍？

一、為什麼網路時代還要讀書

2
不需要讀書的理由之二：笛卡兒說不清楚的心臟

哲學家笛卡兒有一本書：《談談方法》。我們耳熟能詳的那句「我思故我在」，就出自於這本書。

《談談方法》談的是：一個人如何逐步透過一些方法，建立自己對世界的認知，以及自己在其中的處身之道。這是啟蒙時代影響深遠的巨作，但笛卡兒用的文字很淺白，書又不厚，所以是一本可以躺在浴缸裡讀的書。

然而，即使是如此雋永、對每個人都很實用的一本書，其中有一章卻是可以跳過不讀的。

笛卡兒在《談談方法》中有一章專門談心臟。這裡摘錄一小段：

先看右邊的一個，有兩根粗管子連在上面，一根是腔靜脈，這是主要的貯血器，好像樹幹，體內其他靜脈都是它的分支；另一根是動靜脈，這個名字取得不好，因為它實際上是一根動脈，以心臟為出發點，然後形成許多分支，布滿兩肺……

文字有其特別的力量，但也有偏限。這就是個例子。光是用文字來解釋心臟是怎麼回事，如何運作，一定有所不足。

比笛卡兒還早一百多年的達文西，也寫過有關心臟的筆記。達文西就認為，要理解人體的結構，最好的方法不是閱讀文字而是圖像閱讀，因為「你把它描寫得越細緻，就會把聽者的思想搞得越糊塗」。

但是到了二十一世紀的今天，能讓我們更清楚心臟是怎麼回事，如何運作的，又不是圖像，而是動畫了。一部五分鐘的短片，或是3D動畫，就可以更方便也更生動地把笛卡兒這位思想的巨人所做不到的事，輕鬆地就達成了。

而類似的影片和動畫，在網路上隨手可得，還是免費的。

更重要的是：透過網路上免費影片和動畫可以學習的，遠遠不只於談心臟。

今天，不只可以從網路上學習物理、數學等等，還可以學習彈鋼琴、溜冰，無所不有。

所以，在網路上有這麼豐富的各種內容可以學習的時代，哪需要再閱讀書籍？尤其是文字為主的書籍？

《笛卡兒談談方法》　笛卡兒／著　（網路與書出版）

3
不需要讀書的理由之三：COSCUP

二〇一五年，我去參加一個「開源人年會」（Conference for Open Source Coders, Users and Promoters，簡稱COSCUP）。

開源人年會，就是寫「開放源碼」的人一年一度的聚會。所謂「開放源碼」，就是你寫軟體程式的時候，可以使用一些別人免費公開分享的原始碼，然後等你寫好之後，也要把你寫的這一部份免費公開給別人使用。

這件事情有一種「人人為我，我為人人」的精神。如果你的軟體好用，全世界的人都來使用、改寫的話，相當於全世界的人都加入了你的開發團隊。臉書Facebook就是使用大量開放源碼寫出來的，而臉書也開放他們自己的一些源碼。

「開放源碼」在台灣越來越熱門。二〇〇六年開始的這個COSCUP年會，起初只有大約兩百人參加，到二〇一五年滿十周年，已經有兩千人參加，其中兩百人擔任志工，負責辦理整個年會的所有活動。

我參加這個活動，基於兩個好奇。一個是：為什麼這些寫程式的人平常願意當「阿宅」，卻如此重視一年一度見兩天面的機會？又為什麼會有這麼多人願意熱情地當志工，而不擔心錯過年會的內容？

那年年會的總召集人畢玉泉，大家都叫他小畢，給了我解答。

小畢是成大資訊工程系畢業。他說：COSCUP有個口號是：四〇%議程，六〇%交友。也就是來交朋友比你學到什麼還重要。

為什麼對這些寫軟體的人來說，交友比聽議程更重要？

小畢說：在軟體相關知識的領域，學校老師教你的，都主要是基礎的、理論的，比較不會被時間淘汰。而真正應用的技術，卻是從社群裡學來的。但是天下的技術如此之多，在學習之前，你一定要先聽到、先知道你想學什麼。這時候就知道參加社群、交友的重要。社群裡大家會互相分享自己覺得很棒的技術，你受到刺激了，感興趣了，就會進行下一步。

因此，他們之所以說四〇%聽議程，六〇%交朋友，除了是彌補交朋友的樂趣之外，其實也是對學校教育方式的另一種反動。

小畢說，參加這種年會聽議程，和聽老師講課是一樣的，都是上頭有人講你在下頭聽。「這種單向傳遞知識的路行不通了。而你在社群裡和朋友的學習，是P2P的學習，可以隨時彌補你的不足。」

開放源碼和COSCUP示範的，是一種新的、共享的學習環境和模式。而這件事情目前雖然是發生在程式寫作的領域裡，但未來其他領域的學習方法勢必也會受到影響。

既然網路上有這麼新穎的學習模式，哪需要再閱讀書籍？尤其是文字為主的書籍？

4

需要讀書的理由：當閱讀是一個黑夜

網路上有這麼多打破文字和紙本書籍的侷限，有如此豐富的影像、動畫、演講、社群學習的內容時，那我們到底為什麼要閱讀紙本書，尤其是以文字為主的紙本書？

很多人早就預言紙本書會消失，會被電子書取代，被網路閱讀取代。

長期以來，我都回答不會。我相信紙本書有其獨特價值。

但是私底下，我不時問自己：那你要怎麼描述紙本書的獨特價值？今天和未來，大家為什麼要透過紙本書來閱讀？

這個問題伴隨了我很久。一路，我不斷地回答這個問題，但又都不覺得滿意。

有一度，我覺得紙本書的價值比較接近藝術品。但藝術品總是陽春白雪，和一般社會大眾的距離比較遠。可是我想要找出來的是：紙本書對一般大眾也是必需的獨特價值。

一路思索了十幾年之後，有一天晚上我決定拿出一張紙，把網路閱讀與紙本閱讀的特質分列兩邊，做個比較。

我列出的圖是像這樣的。

數位及網路的閱讀	紙本閱讀
多媒體	文字
具象	抽象
活潑	安靜
外擴	收斂
社交	孤獨
零碎	整體
多工	線性
動態	靜態
白晝	黑夜

我先列出了網路與數位閱讀的特質：多媒體、具象、活潑、外擴、社交、零碎、多工、動態、陽性。

再列出紙本書相對應的特質：文字、抽象、安靜、收斂、孤獨、整體、線性、靜態、陰性。

也就在整理、比較這兩排的特質和價值的時候，我突然在最底下發現，這兩列特質的總結，不就是白晝與夜晚的對比嗎？

所有網路閱讀的特質，可以比喻為白晝；所有紙本書閱讀的特質，可以比喻為黑夜。

而一旦把紙本書的獨特價值和黑夜相連接，所有問題的答案就都跳出來了。

人類從來都是需要代表夜晚和白晝的閱讀並存，也就是書和書以外的閱讀並存。

英文裡，有一句話是「Read the Word, Read the World」。「Read the Word」，說的是透過看書、閱讀，讓我們擴大眼界、增進思考。而「Read the World」講的卻是不透過書和文字的閱讀，照樣可以透過人生的實際歷練，來認識這個世界。

文學家沈從文說：「我讀一本大書，也讀一本小書。」講的大書，就是世界（World），小書，就是實際的書本和上頭的文字（Word），也是這個意思。

但過去，就像電燈還沒進入人類生活之前，我們白晝與夜晚的時間大致相當，網路還沒出現之前，我們從書及書以外的生活裡吸取知識的時間也大致相當。

但是就像電燈發明之後，我們使用夜晚的習慣、方法、時間大受改變，網路出現之後，我們可以透過網路來閱讀世界的機會擴大，使用紙本書的習慣、方法與時間也產生劇變，隨之縮小。

尤其，等到行動載具、智慧型手機流行之後，大家都在忙著當低頭族。我們隨時隨地在收發訊息、資料、知識，從某個方面來說，也形同隨時隨地在閱讀書本以外的世界。所以很多人都認為紙本書會走上沒落之路。

然而，把紙本書的閱讀價值和黑夜相連接之後，我覺得終於可以安心了。

就像人類有了電燈之後可以延長白晝的時間，可以連著熬好幾夜，但畢竟最後還是得需要黑夜，我們對紙本書的需求也是。

不論我們可以從網路、手機上得到多少訊息、知識、多媒體的閱讀樂趣、協力共享的學習，最後還是有一個打開紙本書的需求。

人，沒有夜晚，是會生病的。我們沒有紙本書的閱讀，也如此。不論從心理或生理上來說，都如此。

黑夜不是和少數人相關的藝術品，而是每個人都需要的必需品。

一個會使用、享受夜晚的人，才是健康的人，完整的人。
一個會使用、享受紙本書的人，才是健康的人，完整的人。

我們要懂得善用影像、動畫、聲音的力量，也要懂得善用文字的力量。

笛卡兒用文字來解釋心臟的運作固然有其侷限，但是任何影像、動畫、聲音又怎能替代下面這一首詩，短短的四十個字？

好雨知時節，當春乃發生。
隨風潛入夜，潤物細無聲。
野徑雲俱黑，江船火獨明。
曉看紅濕處，花重錦官城。

——杜甫〈春夜喜雨〉

事實上，就在網路把過去長期受文字壓制的影像、動畫、聲音的力量解放的同時，網路也把我們對使用文字的需求抬上了前所未有的高峰。

無時無刻，我們不是在使用文字來表達自己，與別人溝通。簡訊、臉書、電郵。每個人對使用文字的需求都在提高。正因為大家都在如此頻繁地使用文字，每個人都應該注意文字的品味。使用文字的講究，不再只是一些特別的文字工作者才要關注的事。而是每個人。

而紙本書，正是讓我們最能學習、也體會文字力量的一種媒介。上面杜甫那一首詩，印在紙本書上，和呈現在電子書上，會有截然不同的氣場。我們閱讀的感受，也截然不同。

這就是紙本書對社會裡每一個人都具備的意義。不論那個社會多麼網路化、數位化。

前幾年我在紐約經常去參訪一些小學。

印象最深的，就是在這些小學上網很不方便。不要說取得學校網路密碼總是困難重重，連自己的手機也常有被屏蔽之感。後來發現，他們就是怕小學生在學校隨意上網，覺得要先把他們離線的教育做好。

美國是網路和iPad等的發源地，但是他們卻如此重視讓小孩先把紙本書的閱讀打好基礎。用夜晚的比喻來說，就是他們知道：出了校門，外頭到處都是白晝，根本不必擔心孩子是否適應，所以在校園之內，反而重點是如何讓孩子從小先習慣、學會對夜晚的使用。

5 黑夜的五加一力

文字，印刷在紙上，會有一種獨特的氣場。一張張印好字的紙按照順序，裝訂成冊，又會形成另一種獨特的氣場。

這個氣場的特質，就是前面所列的：抽象、安靜、收斂、孤獨、整體、線性、靜態、陰性。

雖然說今天電子書已經很普及，並且有紙本書所沒有的便利，但是同樣的文字內容，使用紙本書來閱讀，尤其如果在一個靜夜無人的時刻，就會體會到那種截然不同的氣場。

體會這種氣場，在這種氣場裡活動，至少會孕育出五種能力。

目前我們以考試教育為主的學校裡，對學生形同只要求、只逼迫單一種閱讀的能力——記憶力。

很多人不知道：如果在真正的閱讀氣場裡孕育出五種能力，那記憶力將是在綜合這五種能力之後，自然產生的第六種力量。

先有這五種能力，記憶力會自然產生。沒有這五種能力，那是在硬擠記憶力，痛苦不堪，效益也不會好。

這五種能力，就是理解力、想像力、集中力、傾聽的能力、整理的能力。

使用紙本書來閱讀，最適合培養這五種能力。回過頭來說，我們也最適合使用這五種能力來閱讀紙本書。

培養這五力、使用這五力，可以說是紙本書代表的黑夜的價值。

為什麼是這五力？

根本原因，就是在於一本書，不同於推特、臉書和電子郵件裡傳來的文字，是一個作者，透過了相當篇幅（通常至少要好幾萬）的文字，用他認為適當的方式，想和他期待的讀者說一些事情，分享一些事情，並希望說服讀者同意或接受。

所以這和推特或臉書上短則幾十字、長則幾千字的內容是不同的。

當我們打開了一本書的時候，就是要和作者開始對話了。雖然那個作者是隱形的，你看不到的。

因此，我們要設法跟上他的說話節奏，以及表達方式，這樣才能適當地理解他想要表達的內容。也只有當我們理解之後，才能判斷是否同意或接受他的觀點。

一本書的作者，不會只是攤給你一些數據或知識。他一定是有些觀點或想法要表達。像我寫這本書，就是為了想說明我所看到中學階段的閱讀出了什麼問題，以及可以如何因應。

所以，我們在閱讀的時候會動員到「理解力」。而我們的理解力，則是因為在閱讀一本本書的過程裡，和那些作者的對話而逐漸增強的。同時，也會因為閱讀不同類型的書而逐漸增強的。

作者和讀者是兩個不同的人。不但人不同，連生活、成長的時間和空間都可能不同。並且，作者觀看和思考事情的角度，也和讀者不同。

事實上，讀者都是希望能接觸到這些不同的角度，才想到要閱讀作者的書。總之，兩者就是會不同。

在這麼多不同的條件之下，一個讀者想要適當地理解作者想要說的事情，不能不動員到「想像力」。

我們的想像力，會因為在閱讀一本本書的過程裡，受到（如果夠好的）作者不斷給予的種種刺激、誘發，而逐漸增強。同時，當我們遇上完全陌生、甚至原先不感興趣的作者，也需要動員想像力來消除許多隔閡。

當然，我們可以知道：「想像力」和「理解力」是互相呼應的。

然而，雖然有的作者我們可能很容易理解、想像，但另外很多作者，即使我們動員了所有的「想像力」和「理解力」，仍然不容易理解，畢竟，他們所站的位置，可能和我們就是有很大的差距。

這時候，我們就要集中精神地聆聽他到底在說什麼。

閱讀作者寫在紙本書上的內容，不像閱讀網頁、電子書，有那麼多鏈接、檢索、新開視窗的方便。紙本書的閱讀，必須一行一行、一頁一頁，很線性地跟著作者的行文走。這本身就是鍛練我們「集中力」很好的機會。而如果我們想要清楚地掌握作者希望傳達的訊息，又正好需要這「集中力」。

閱讀一本書，雖然說是作者和讀者在對話，但首先發生的，畢竟還是我們讀者先在聆聽作者講什麼。

傾聽是一種能力。這種能力可以聽出說話的對方到底是打開了心底哪些門戶，向我們傾訴，也可以聽出對方到底在哪些地方有所保留，哪些地方模糊，容易產生誤會。

所以我們在閱讀一本書的時候，本身就是在練習「傾聽力」。

「理解力」、「想像力」、「集中力」、「傾聽力」，其實都是連動的。

「理解力」和「想像力」是一體兩面；「集中力」和「傾聽力」也是。而這四者之間又交錯影響。

最後，在閱讀一本書的時候，也就是和作者對話的時候，我們同時還在練習、也在動員的另一個能力是「整理的能力」。

聽著他說話，我們就在進行整理了。

「這個地方講得很對！我怎麼沒這麼想過？」

「等一下，這個地方說得很好，可是好像跟剛才另一個地方講的不太一樣？」

「這件事情原來是這樣。那可以和前面一個地方算是同一種類別。」

「這裡沒什麼特別的。」

「這裡我只明白一點點。先放過去，等一下再回頭來看看。」

在閱讀一本書的過程裡，我們不斷地在整理自己的思緒，也在整理作者說的話。所以，固然看完一本書，寫摘要的時候是在整理；閱讀過程裡做筆記也是在整理；即使什麼筆記都不做，自己的思緒在不斷碰撞，也是在做某種程度的整理。

而同樣的，如果沒有前頭的「理解力」、「想像力」、「集中力」、「傾聽力」結合在一起，而只想進行整理的話，這種整理的能力也一定持續不久，沒有效益。

所以，閱讀，就是在培養五力。也只有五力並行，閱讀才會進行得有趣、有效益。

我們為什麼要多閱讀？為什麼要多閱讀小說、詩詞、歷史、哲學等等不同類型的書？其中有一個很重要的原因就是：我們可以透過閱讀不同類型的書，從不同的方向來激發也練習理解力、想像力、集中力、傾聽力，以及整理的能力。

最奇妙的一點是，如果動員了這五力來閱讀一本書，那將會相當自然地發生一件事：我們會很容易就把書的重要內容記下來了。

所以說，記憶力，是因為這五力而產生的。

這就是透過閱讀紙本書而培養、而動員的五加一力。

很多中學生的父母都擔心孩子讀「閒書」會浪費他們讀教科書、參考書的時間，那是因為他們不知道必須閱讀教科書和參考書以外的書，最好大量閱讀不同類型的書，才有可能鍛鍊出閱讀的五力。

光是想透過背誦那些單調的教科書和參考書來記憶，不只是在無謂地耗損孩子的記憶力，並且也從根破壞他們培養閱讀的五力。

當然，他們也根本不知道，如果一個少年人的閱讀五力能培養得起來，他們自己就會用一種輕鬆又方便的途徑來解決那些教科書所需要的記憶力問題。

但很可惜，我們的考試教育體制，從小學而中學而大學，是努力用二十年的時間來全面破壞閱讀的這五種力量。

也許，有人會說：可是某某人不也是從這個體制成長起來的？人家現在不也是優秀得很？

這個問題不難回答：那如果他是在一個更好的閱讀環境裡成長起來的話，不是會比現在更加優秀？

第二部　從頭培養閱讀的胃口

6 兩種閱讀曲線

如果說閱讀是一種能力，包含了前面所說的五加一力，那在我們成長的過程中，是否一路都有練習？

很遺憾地，對很多人來說都應該是沒有。因為我們以考試教育為主的體系，在最需要練習這種能力的階段，不但沒有鼓勵或培養，還一路破壞。

這個階段就是中學的六年。

我們用行走的能力做個比喻。

我們是先會自己跌跌撞撞地走，在父母的牽引之下走，然後逐漸可以自己走，再來追趕跑跳，再來可以自己旅行、自由探索這個世界。

閱讀的能力也一樣。開始的階段需要父母陪伴，看圖、看繪本，然後隨著自己識字能力的加強，讀更多文字的書。開始的階段是父母挑選書籍給我們讀，然後我們逐漸有自己的想法，選擇自己想讀的書。

在這個過程中，中學階段之所以重要，有兩個原因。一個是我們此時建立了一定程度的基本閱讀能力；另一個是如同我們身體開始發育，我們的心智也開始渴望自主探索這個世界。

我們既有了基本的閱讀能力，又有了探索這個世界的意願，中學階段本來應該是最適合自己進行隨意而廣泛的閱讀，讓自己對人生和世界的好奇，和各種書籍邂逅、碰撞，然後產生神奇的變化。但很遺憾地，現實並非如此。

在考試教育巨大的壓力之下，我們這個階段卻偏偏是要把即使不是全部，也是絕大部份精力都用在教科書和參考書上，沒有時間與各種書籍邂逅、發生碰撞。

這個階段的這種現象，還有後遺症。

就理想的情況來說，當我們在中學階段透過閱讀對人生和世界有過大幅度的探索之後，會對自己的未來有個夢想或目標。然後，由此來判斷自己是否需要經由讀大學的途徑，或者經由攻讀哪種科系的途徑，來連接那個更遠的人生目標。

也因此，既然知道自己選擇的大學和科系是連接未來那個目標的途徑，就會努力鑽研自己選擇的主修科系的課業。進了大學，正是用功的開始。

這個理想的路程，畫一個圖，像是圖1。

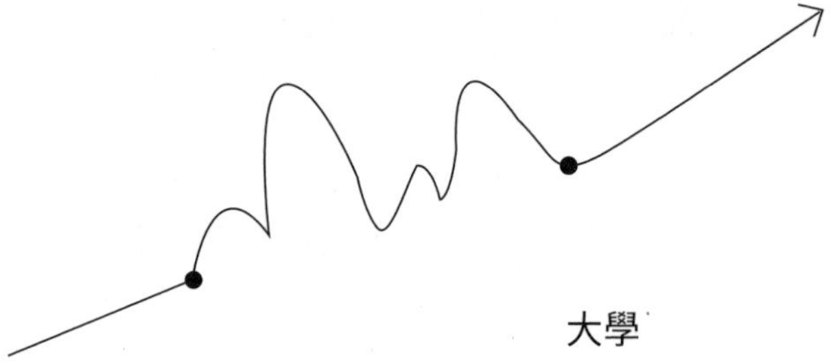

圖1

但是在台灣，中學階段在考試教育的壓力下，少了隨意而廣泛的閱讀探索，而專注在教科書與參考書上。我們在中學階段沒有機會透過閱讀對人生和世界有大幅度的探索。我們對未來的夢想和目標，都只是如何以比較好的考試成績，被分發到所謂比較好的大學和科系。

也因此，既然自己進入的大學和科系往往是考試分數決定的結果，和自己真正的志趣無關，所以進了大學，反而是終於獲得解放，可以「由你玩四年」的開始，或者，鬆懈閱讀的開始。

在台灣這個現實的路程，畫一個圖，像是圖2。中學階段的閱讀是一條相當單調的直線。到了大學，本來應該是集中方向攻讀自己主修科系功課的時候，反而開始鬆懈地閱讀，享受遲來的解放。

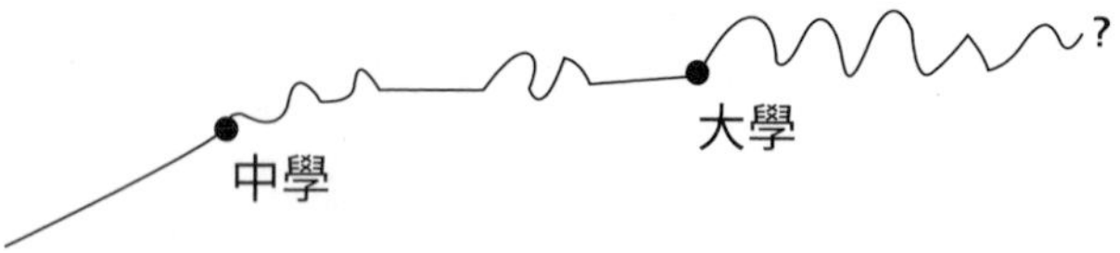

圖 2

如果說中學階段受考試教育的影響，只是把我們透過閱讀來探索人生和世界的時間延後六年，那倒還好。

但事實不然。中學階段這六年的影響，破壞了我們和閱讀一個重要的關係。這將是很多人揮之不去的夢魘。

7

被破壞的閱讀胃口

在台灣，中學階段的考試教育，對閱讀產生的嚴重影響，是閱讀的胃口被破壞了。

說「胃口」，因為閱讀是一種飲食，給大腦，或者說心智的飲食。

而中學階段，我們因為在巨大的考試成績壓力之下，從閱讀到飲食的聯想，幾乎都是些負面詞彙。

「填鴨」——大家共同的感受。

「生吞活剝」——和讀書方法有關。
「味同嚼蠟」——和讀書的感覺有關。
「大補帖」、「大補丸」——參考書的號召。

我們一直被「填鴨」，把大量的時間花在教科書和參考書上。然而，教科書和參考書到底算是什麼樣的飲食呢？

中學生的教科書，是在解決學生在學業和考試上的現實問題。所以，粗看起來，很像是一種可以填飽肚子、解決飢餓問題的主食。

但是從本質來看，教科書還不能說是主食。

因為教科書的意圖是：政府為了透過國民教育讓國民的素質達到一定標準，所以要經過一些由政府所決定的課程綱要，再由某些特定的人來編寫內容。

所以，教科書是一種經過一群人，在政府特定的目的之下，經過精密加工而製造出來的「食物」。政權一輪替，有時候某些教科書的內容就會改變。歷史課綱，就是一個例子。所以實在不能把它和澱粉質的主食畫上等號。

比較貼切的說法，教科書是維生素——加工提煉之後，說是可以補充我們營養的維生素。譬如，國文是維生素A，數學是維生素B。但，就是一系列的維生素。

如果閱讀是飲食的話，教科書這種維生素，本來應該是補充我們營養的選項之一。但是今天我們在中學階段面臨的問題是，教科書這種維生素的重要性被視為最重要的飲食，甚至是唯一的飲食。

那考試參考書又是什麼呢？

考試參考書就是在面臨考試，連高密度維生素都不夠用的時候，所必須使用的類固醇，或興奮劑。

就這個角度來看，許多參考書經常標榜自己是「大補帖」、「大補丸」還真的很貼切。

至於那些號稱幫助升學、考前最後衝刺的補習班又是什麼呢？他們既然是在提供大量類固醇與興奮劑，可以說是「轟趴」。

因為有長達六年的時間我們不斷地被填鴨，美其名是「讀書」，事實上卻是被灌服大量的維生素和興奮劑，所以很多人經歷了中學這六年之後，只留下對閱讀倒胃口，甚至想起來就會嘔吐的經驗和記憶。

結果，就是像前言裡提到的那位同學所告訴我的，他們成了升學主義巨浪中的難民，只能抱著讀書這塊被考試浸得腐朽的木頭。雖然大家都明白在下次大浪來時一樣得緊攀它，但如果有機會踏上陸地，可以呼吸自由的空氣，那誰也不願意再帶著這個累贅。

而前面提到的COSCUP那位小畢也曾經跟我說：他進大學之後很長一段時間根本不想看書，直到大四及研究所時，才又重新喜歡看書、買書。

我想小畢還是幸運的。因為有人可能是從此就聞書色變。

的確，「讀書」、「閱讀」，是被考試浸得腐朽的木頭；「讀書」、

「閱讀」，也是被考試徹底破壞的胃口。

8 恢復胃口的第一步：知道飲食的分類

想要重新恢復胃口，有幾件事情要做。

最重要的，是切斷「讀書」和「教科書」、「參考書」之間的等號。

我們要提醒自己：「教科書」和「參考書」不是真正的閱讀飲食，而只是維生素和類固醇。

「教科書」和「參考書」帶給我們所有不愉快的記憶，都和「讀書」無關。

我們要「讀書」，就是要享受真正的閱讀飲食。

如果我們可以這樣體會閱讀的飲食，那就應該知道：中學階段，一如我們身體正在發育，需要豐富的飲食，我們的心智也是。

所以我們要學習如何覓食，學習怎麼咀嚼或享受各種不同的飲食，更要養成均衡的飲食觀念與習慣。

飲食可以分四類：主食、美食、蔬果、甜食。閱讀也是。

主食，像白飯、炒飯、炒麵、饅頭等等，主要提供澱粉，讓我們吃飽。閱讀的主食，就是為了尋求人生在職業、工作、生活、生理、心理等方面問題的解決之道。所以，主食閱讀又可以稱之為「生存需求的閱讀」。我們讀一些「如何使自己健康」、「如何改善時間管理」的書，都屬於這一類。

美食，像魚、蝦、牛排、大閘蟹等等，給我們補充蛋白質的高營養食物。閱讀的美食，則是在幫助我們體會人類生命深處的共鳴，思想深處的結晶，很像是飲食分類裡的「美食」。所以，美食閱讀又可以稱之為「思想需求的閱讀」。我們讀一些哲學家、歷史學家、文學家的經典作品，都屬於此類。

蔬菜水果，幫助我們消化，吸收纖維質。閱讀的蔬果，是為了幫助我們查證閱讀過程中不了解的字義、語義、典故與出處。所以，蔬果閱讀又可以稱之為「工具需求的閱讀」。我們使用字典、地圖、百科全書，都屬於此類。

甜食，像飯後的蛋糕、冰淇淋，或日常的糖果、零食等等。閱讀的甜食，就是為了娛樂、消遣，是一種休閒。所以，甜食閱讀又可以稱之為「休閒需求的閱讀」。我們看漫畫、寫真集、輕小說等，都屬於此類。

（想知道更多有關閱讀與飲食的關係，請參閱《越讀者》Part 2「跨越四種閱讀飲食」。）

說到這裡要注意：甜食對中學階段的我們，有兩個陷阱。

第一個陷阱在於：「讀書」被考試、教科書、參考書等蒙上不可承受之重的壓力，所以一旦我們要自己尋找些讀物的時候，很容易就把甜食當作出口。

平常的課業壓力都那麼重了，要自己選擇書來讀，會找漫畫、輕小說等甜食是很自然的。

這也不是沒有前例可循。達爾文這位《物種起源》的作者，晚年由於健康因素，被家人保護，不受外界打擾，每天集中精神做四個小時的研究工作。在這樣的生活中，達爾文最重要的調劑，是閱讀浪漫的愛情故事。因而他有一個很有名的主張是：政府應該立法禁止，愛情的結局不得搞成悲劇。

達爾文可是一位畢生研讀、畢生創作美食閱讀的思想家與科學家。他都有需要以甜食來滋潤自己生活的時候，何況是我們。

不過，我們應該記得：沒有人是能只吃甜食活下去的。甜食是我們需要的，但不能過度沉迷，更不能以此維生。

第二個陷阱在於：有些父母對甜食的誤解很深的話，別想不開。

在考試的壓力下，父母因為不准子女看閒書、看小說，產生衝突的例子很多。在《越讀者》裡，我曾經寫過一則十幾年前，父母不准兒子看小說，導致他跳樓的悲劇。這種情節，不只一端。

對岸中國大陸是應試教育比我們只重不輕的地方，我們中學生碰上的問題，他們也都只多不少。曾經有一位華南師大的學生給我寫過一封信說：

上大學以來，很多親戚朋友都會說
「讀了這麼多年書，終於熬出頭了」。
很多時候，聽到這話我都會感到很慚愧。
所謂「讀書」，就是課本和參考書。這也算做「讀書」？
如果說，原來的讀書是一種責任，為父母，不得不讀。
那麼現在，我已經長大到對自己負責地來讀書時，我不想對自己負責了。

但是很奇怪的是：據我所知，對岸的父母在讓子女看小說這件事情上，普遍比我們寬容許多。我問為什麼，得到的回答是：父母知道孩子為了考試讀書夠苦的，所以願意讓孩子透過讀小說來紓解壓力。也因為如此，所以對岸有大量以中學生為對象的青春校園作家當紅。

我們的父母對甜食的誤解比較深，不必和他們鑽牛角尖。能用達爾文的例子來說服他們最好。說服不了，也萬萬不要爭執氣憤到去跳樓。那不是我們為了吃甜食該發生的事。

最近有一位母親在聽我演講之後，提出一個問題：為什麼以前在她聯考的時代，考試壓力也是很大，但她可以當個「文藝少女」，寫寫東西也不成問題，但是今天的中學生卻不行了？

前年教育部一場研討會上，我聽一位長時間帶領學生寫作的教授說，那批學生在經過中學六年的應試折磨後，剛進大一的時候對任何寫作都排斥，連寫一個句子都有難處。那次聽的印象很深刻，所以我知道這位母親的疑問是什麼。

我回答她說：那是因為以前考試壓力大，但是學生尋找的出口還是書，尋找的甜食不論武俠或愛情小說，文字經常都十分講究。但是今天學生尋找的出口是網路上的影像、遊戲，是寶可夢，很多人根本不用小說來當甜食了。他們不讀，當然也就不會寫。

我想，如果愛看小說的中學生碰上父母責難的話，用這個例子來回應他們也不錯。

9 恢復胃口的第二步：掌握閱讀的速度

中學階段我們閱讀胃口被破壞的另一個原因，是我們沒法掌握閱讀的速度。

閱讀的訣竅，很關鍵的一點就是要掌握閱讀的速度。掌握閱讀的速度不是說要讀得很快，而是針對不同的書籍能有適當的不同速度。

首先，書不是讀得越快越好，讀得越快就可以讀得越多。事實上，有些書讀得快，你根本消化不了，或者說，會漏失很多。

也不是所有的書都該細嚼慢嚥，要慢慢地讀才能吸收。事實上，許多書並不值得我們花那麼多時間把全書逐行逐字讀完。那樣閱讀，太浪費了。

有的書，可以很快地翻閱一遍就過去。

有的書，要仔細讀其中的一個部份，要很快地翻過其餘的部份。

有的書，就是要字斟句酌地推敲每一個字。

我們一天只有二十四小時，而自己感興趣的書、進了書店看到的書不知有多少，所以如何針對不同的書有不同的閱讀速度，這本身就是閱讀能力的一個關鍵。

然而中學六年的考試教育，對我們的閱讀速度有很不好的影響。

因為考試答錯一題就對自己分發的學校和科系有重大影響，所以大家要把教科書和參考書上的字字句句都吞嚥下去。因而，最安全的讀書速度只有一種：逐字逐句地讀。

我們有長達六年的時間因為不想錯漏任何考題，就把所有教科書的每一個字句都再三咀嚼，這本身不但破壞閱讀的胃口，也破壞了自己掌握閱讀速度的能力。

而閱讀的速度和閱讀的胃口，兩者又有相當密切的關聯。我們可以說，掌握不到閱讀的速度，其實就很難培養閱讀的胃口。

那應該怎麼判斷哪些書要快，哪些書要慢？

這就涉及到閱讀的方法。掌握了閱讀的方法，自然就掌握了對待不同的書該有不同速度的方法。

如同飲食，有時可以囫圇吞下，有時必須細嚼慢嚥，閱讀也是。

我曾經看過網路上有人討論三位歷史名人的讀書風格，說陶淵明是「不求甚解」，諸葛亮是「觀其大略」，朱熹是「熟讀精思」。

其實，與其說這是三種風格，不如說是三種不同的方法。我相信這三個人不會各自只有一種讀書風格，而是會交錯運用這三種方法。

綜合運用這三種方法，有幾個好處。

第一、可以很快地知道怎麼判斷一本書是哪種飲食。

雖然我們談了很多閱讀飲食的分類，但是如前所述，現在的飲食選擇太多了。書店裡、圖書館裡、網路上，太多閱讀選擇披著各種外衣，試圖吸引我們的目光。

這麼多書，我們要買、要讀，從何選擇？

如果我們懂得交互使用「不求甚解」、「觀其大略」、「熟讀精思」這三種方法，便可以節省一些時間。

遇上一本看來還不錯的書，先看看書的封面、封底、作者介紹、作者前言、目錄，從這幾個部份對這本書「觀其大略」。

大致隨意翻閱一下，這就是「不求甚解」。

再來，挑一個和全書精神最呼應，也是目錄或前言裡作者最看重的段落，仔細地「熟讀精思」三、五分鐘。

這三個步驟下來，應該足以讓我們判斷讓這本書就此留在平台上，還是需要把它帶回家了。

第二、買回家或借回家的書，知道如何享用它的精髓。

同一本書，可能第一遍讀來只能「觀其大略」，第二遍「不求甚解」，第三遍才能「熟讀精思」。

還有的時候，同一本書裡，可能也有些地方讀來需要「觀其大略」，有些需要「不求甚解」，有些則需要「熟讀精思」。

又可能，有的書要「觀其大略」，做些筆記，放到書架上待日後查閱。

有的書，部份「觀其大略」，部份要「熟讀精思」。

有的書，則要全書「熟讀精思」。一遍二遍三遍地讀。

許多思想深邃的經典，都有這個特色。由於涵蓋的方面既深且廣，所以不一遍二遍三遍地熟讀精思，等於是最大的浪費。

讀書讀書，我們從小就聽慣了要「用功讀書」。

「用功讀書」最好解釋為「用適當的功能讀書」，但是我們的考試教育害得太多人把「用功」解釋為「用力」。

用力讀書，把教科書上某些不值得去記的瑣碎資料，也因為擔心成為考題，就用力背誦。

我們從很早就被破壞了閱讀應該「不求甚解」、「觀其大略」、「熟讀精思」，三者交互使用的認識。

所以我們不懂如何掌握自己的閱讀速度。

既然不知道掌握速度，當然也就不知道如何善用自己閱讀的時間。那又造成了另一個浪費。

如果知道掌握閱讀的速度，那我們就不但可以針對不同的飲食有不同的速度，有助於培養胃口，還有助於創造出多一些的閱讀時間。

10 創造閱讀的時間

我們都知道速度和時間的連動關係。所以掌握了閱讀的速度，便有助於創造閱讀的時間。

時間就是金錢。那麼，就像大部份的人都覺得自己的錢不夠用，大部份的人也會覺得自己的時間不夠用。尤其是用來閱讀的時間。

如果真相信時間就是金錢，那就一定要懂得如何利用時間這筆金錢。在閱讀這件事情上，更是如此。

從這個角度來看，怎麼給自己找出閱讀的時間，和怎麼讓自己開始積蓄金錢，有很多相似的地方。

第一，要懂得把小錢也存起來。

就像雖然覺得錢不夠用，但是再少的錢也得一分一毫地積蓄下來，閱讀的時間也是如此。我們得精打細算，一分一秒地留給自己。

所以，一天中，即使時間再少，也要留一些，或者說擠一些給閱讀。有人主張一天半小時就好，甚至，十五鐘也好。

「每天決定去讀一點，即使是幾段也好，假如你每天能有十五分鐘的讀書時間，一年之後你就可以感受到它的結果。」美國一位教育學家賀瑞斯・曼恩（Horace Mann）這麼說過。

日本曾經流行一個閱讀運動，中學生進校門後，每天早上一定有十五分鐘要先閱讀，不管閱讀的是什麼書，反正就是教科書以外的書，也是同樣的意思。

第二，要知道「零錢」與「整款」的不同。

中學生需要有意識地注意自己的時間裡，哪些是可以用來閱讀的「零錢」，哪些又是「整款」。然後把「零錢」和「整款」分別對待。

如果每天擠出十五分鐘、三十分鐘來閱讀，像是在積存平日時間的「零錢」，那麼就應該設法讓自己在時間比較多的時候，在閱讀上有個存下「整款」的機會。

雖然，我們每天光是用十五分鐘來閱讀，也可以產生日積月累的效果，就像存「零錢」也可以達到累積成「整款」的效果，但是我們知道，金錢能創造的最大效果，還是得錢滾錢。所以，真正要進行有意思的閱讀，我們還是得讓自己有真正的「整款」可以使用。

對閱讀的時間有「零錢」和「整款」的概念後，對如何使用「零錢」和「整款」，也會有不同的認知。

譬如，「零錢」時間，用來閱讀一些篇幅不長的雜誌、報紙、網路資訊；「整款」時間，用來閱讀一本完整的書。

那麼，一天二十四小時，就這麼些時間，自己東挪西湊，也就是頂多能有這些零錢時間。硬說是要有整款時間，怎麼生得出來？

有一個地方可以生。周末。我們要求平日是十五分鐘的話，周末就應該是三個小時。這裡說三個小時，是當作去看一場電影加交通的時間。

一個周末，我們會花三個小時看一場電影，那麼花三個小時來閱讀也應該不過份吧？

如果試過一次用三個小時來持續閱讀，就會知道那和積累十二次每次十五分鐘的閱讀還是不同的。再打個比喻，這就好像我們一次做三個小時大汗淋漓的運動，跟我們做了十二次每次十五分鐘的運動，效果是不同的。

除了在周末要留給自己一個至少三小時的時段之外，也不妨體會一下在什麼時候留這三小時的效果最大。

以我這樣一個上班族來說，雖然享受周末的閱讀，但對星期五的晚上有特別的感受。雖然周六和周日也都是周末，可是對我來說，星期五晚上就是不同，甚至和星期六晚上也不同。

星期六晚上雖然第二天也不必上班，但不知怎麼，我就是不像星期五晚上那麼自在。星期五的晚上，因為接下來有完整的四十八個小時，那四十八個小時簡直像是永恆。

在這樣的夜裡，後沒有追兵，前沒有來人。把手機也關掉的話，整個世界都是安靜的，是最適合閱讀的時間。可以讀新近入手的一些書，可以讀老早想讀的書；可以很快地翻閱一些書，就又丟開，也可以逮到一本就一頭鑽進去讀到天亮。

於是，隨著夜越來越靜，我感到自己和讀的書之間，存在著一種微微的溫暖之意。

所以，看看是否能在周末哪個時段找出自己特別有感受的「三小時」來閱讀。

第三，要善用中了樂透的機會。

每個人都有個發財夢，想要中一筆樂透，有一筆大錢。每個愛好閱讀的人，也都有一個夢：夢想自己可以擺脫日常工作的牽絆，好好地讀它幾個月。

但是如同樂透是個遙遠的夢，愛好閱讀的人的這個夢，通常也是很難實現的。尤其是上班族的成年人。

相對地，中學階段在這件事情上，卻有個得天獨厚的機會。那就是定期中樂透。

樂透是指「暑假」和「寒假」。這兩個假期合起來，一年有大約三個月的時間。這麼大一塊時間，善用的話不就像中了樂透一樣嗎？

中樂透是發橫財。我們在金錢上很難發橫財，但是在閱讀的時間上卻應該創造這種機會，尤其是有寒暑假的中學生。

應該利用這種大段可分配的時間，好好讓自己進行其他上學時間沒法進行的閱讀。雖然在考試教育之下，中學生的寒暑假也可能還是被排了許多課業，但這是難得可以自己爭取中樂透的閱讀機會。

金錢能創造的最大效果，得靠錢滾錢。所以，閱讀時間裡如果能有個存「整款」的機會，有個中「樂透」的機會，我們會發現那裡面出現的樂趣和收穫，完全不是每天存些「零錢」所能相比的。

◎

要發生錢滾錢這件事，需要先存到一定金額的錢。閱讀要養成不必提醒每天、每個周末花多少閱讀時間，也能自動進行的習慣，另外也得讓一件事情發生。

那就是透過持續的閱讀，終於讀到一本書，讓我們一下子就放不下手，走在路上也想讀，吃飯的時候也想讀。廢寢忘食，是一點也不誇張的形容。

所有練習尋找或創造閱讀時間的努力，都是為了讓閱讀能出現這個經驗而累積。

有了這樣一次經驗之後，尋找閱讀時間或創造閱讀時間就比較不再是問題了。我們會自己設法找機會讓那個美好的經驗再次發生。

當然，這也會為後面所談的「尋找那本神奇的書」打好基礎。

11 怎樣閱讀一本書

教我們如何閱讀的書很多，我自己看過印象最深，受到影響最大的一本書，就是《如何閱讀一本書》（*How to Read a Book*）。

這本書的作者有兩位。最早的版本是艾德勒（Mortimer J. Adler）寫的。艾德勒在美國學界和出版界都是個傳奇性的人物。早年因為想當記者，所以輟學去報社打工，後來為了改善寫作，去上大學的夜間部課程，最後成為一代學者，還主編過一些經典叢書。

今天我們讀到的這本書的增訂版，增加了另一位作者查理・范多倫（Charles Van Doren）。范多倫不但出自書香門第，本來還是美國哥倫比亞大學一位明星教授，後來因為參加電視益智節目太受歡迎，接受主辦單位餵題作弊，被學校解聘，轉而被艾德勒找去一起工作，並一起大幅修編增寫了《如何閱讀一本書》。

這本書應該是每個閱讀的人都該讀的一本書。內容很豐富，種種有關閱讀的觀念和方法，層層邏輯推演，不厭其煩地細部說明，只能自己去讀，我沒法一一說明。

但這裡可以光就其中「閱讀方法」的部份，歸納出我認為的幾個重點，給沒有讀這本書的人當參考。

《如何閱讀一本書》談到了四個層次的閱讀方法：「基礎閱讀」、「檢視閱讀」、「分析閱讀」、「主題閱讀」。

這本書特別強調這是四種閱讀層次。因為層次是每一個上層都包含了底下的層次。所以「檢視閱讀」包含了「基礎閱讀」的層次；「分析閱讀」包含了「檢視閱讀」和「基礎閱讀」的層次；「主題閱讀」又包含了前頭三個層次。

基礎閱讀：相當於識字階段的閱讀，指的是怎麼解決對文字的起碼理解能力，因此一般都是在小學階段就學會的。但是不要因而小看這個層次的閱讀法，因為即使是成年人還是不時會回頭用到這種閱讀法。譬如看到陌生的外國文字的時候，就需要。

檢視閱讀：在一定時間內，快速掌握一本書大意的閱讀。比較像是前面我們談到的「觀其大略」的方法。不利用這種閱讀法的人，拿到書連目錄都不看就一頭栽進去，往往在一些不值得那麼用力閱讀的書上浪費太多時間。

分析閱讀：深入了解作者的意圖，掌握全書的大綱，並懂得找出作者使用的關鍵字與他進行溝通。比較像是我們前面談到的「熟讀精思」的方法。換句話說，就是怎麼把一些值得投入無限時間閱讀的書，盡可能地細嚼慢嚥。

主題閱讀：也可以稱作比較閱讀。針對一個主題，同時閱讀好幾本書，就不同作者之間的意見進行比對與辯證。或者，倒過來，能在許多不同的書籍之間讀出一個它們彼此相關聯的主題，儘管這個主題或許並不是每一本書裡都提到。

這裡頭，「檢視閱讀」和「分析閱讀」可能是我們在中學階段最常用到的。

「檢視閱讀」之重要，就是在和一本書相遇的時候，如何有辦法以最經濟有效的速度來了解這是一本什麼樣的書。

「分析閱讀」之重要，則在於如果讀者真正覺得一本書重要，如何可以真正讀到把這本書完全吸收，「一直讀到這本書成為他自己為止」。

歸納作者認為的「分析閱讀」的重點如下：

1. 要盡快知道自己手裡拿的到底是哪一類的書，尤其如果是非小說類的話。作者說，這件事情的重要，就好像你進了教室總要先知道這是上地理課還是數學課。

2. 要能夠透視一本書的架構。所以要能夠以列出大綱的方式掌握住全書的內容。

3. 找出作者在這本書裡使用的關鍵詞彙，掌握他使用這些詞彙的準確意義，和他達成共識（come to the terms），掃除他有意或無意利用這些詞彙所造成的迷霧。

4. 判斷作者寫這本書的宗旨，並且能公正地評斷，表達自己的同意或反對。

《如何閱讀一本書》的精彩，遠不止於我在這裡說的，值得每個人一讀。

《如何閱讀一本書》　莫提默・艾德勒、查理・范多倫／著　（臺灣商務）

12 怎樣算是讀懂一本書

想要恢復自己的閱讀胃口，多嘗試一些不同書籍的時候，很多人害怕或不願意接觸一些自己覺得難讀的書。

但是應該要有心理準備，讀得懂、讀得明白這件事，一定是經過不明白而來的。

很多書，尤其是美食閱讀，就是如此，必須花時間，經歷一個過程。

如果一下子就懂、就明白了，那我們又何必要讀這本書？

因此，不懂，有疑問，是好事。事實上，也只有在不懂之後，有一天卻突然懂了，才是最開心的事。

所以，千萬不要拿自己讀不懂作為理由，而遠離一本書。

但是，把書讀過了，不等於把書讀懂了。

在書上做了筆記，電腦上做了筆記，也不等於讀懂了。

那要如何判斷自己是否讀懂一本書？

我的體會是這樣的。

讀書是一個對話過程，作者與讀者的對話。

讀懂一本書，也就是讀者明白了作者跟他最想說的話是什麼。

怎樣才算明白作者最想說的話是什麼，因人而異。不同的人，可能產生不同的體悟與懷疑，所以，不用理會別人的意見，最重要的，就是我們自己能不能講得出這些事情。講得出來，才有可能跟別人印證，看看別人懂的又是什麼。

總之，讀懂就是讀明白。越明白的事情，越應該可以簡明扼要地說出來。雖然一些思想結晶的經典，作者想要說的事情濃度很高，可以稀釋出來的東西也很多，所以顯得複雜，但是如果無法簡單地說出來，就是還沒讀懂。

說得出來的意思是，不能看筆記，要能夠自然而然地就把這些事情講出來，還可以寫出來。

檢查我們確實知道作者說了些什麼，就要自己可以講得出、寫得出幾件事情：

1. 用一兩句話來說明這本書的主要內容
2. 我們體悟到什麼啟發
3. 從這些啟發，接下來想繼續追蹤了解的是什麼
4. 講得出來什麼地方看不明白
5. 講得出來不同意作者的哪些地方，並可以指出他講得還不夠的有什麼地方。

練習做這件事情，尤其是對非小說類的書，至少有兩個好處。一個是檢查一下自己的閱讀五力情況如何；另一個是很自然地就把這本書最核心的重點記下，不會忘記。

13 如何使用實體書店和網路書店

閱讀是飲食的話，書店就是銷售各種飲食的超級市場。為了方便覓食，所以需要知道如何使用。

走進任何一家書店，不論大小，不論是實體的還是網路的，都有三塊區域。

第一個區域，陳列新書，和一些特價促銷的書。

第二個區域，陳列排行榜暢銷書、（各種名目的）特別推薦書。

第三個區域，其他不在上述兩類書籍之內，通常出版又已經有段時間的書。

就實體書店來說，新書和特價促銷書區就在離大門口最近的那個平台區。排行榜及其他推薦書區，分布在周近。其他的書，則上了書店四周壁面的立櫃。

就網路書店來說，新書和特價促銷書區也在首頁最顯眼的地方，排行榜及其他推薦書在那附近，其他的書，則隱藏在資料庫裡。

所謂大型綜合書店，就是三個區域的面積都很大，書種都很多。並且三個區域陳列的書種有相當明顯的差異。

所謂小書店，就是面積不夠，在三個區域的分配不得不有所取捨。所以很可能是新書及特價促銷書區及推薦書區混在一起，然後有一點小小的立櫃區。

所謂中型書店，就是三個區域的分配，介於大型綜合書店和小書店之間。

所謂專門或特色書店，就是這三個區域陳列的書種，都集中在某一類主題上。尤其，儘管店面面積也許不大，特別重視立櫃區的書種陳列。

至於便利商店或量販店裡賣書的區域，沒有立櫃區，其他兩個區域則像小書店一樣地混合，只不過更特別強調特價促銷書的陳列。

怎麼使用書店，就是知道走進不同的書店，該怎麼觀察、使用這三塊不同的區域。

這三塊不同的區域，有著三種不同的面貌。

新書和特價促銷書區，是個喧鬧的市場。
推薦書區，是個熱鬧中有節奏的棒球場。
立櫃區，是個安靜的圖書館。

所以，即使是走在同一家書店裡，這三個區域表面上的裝潢和布置都一致，但是使用的人也應該準備三種不同的心情，或是說佩戴三副不同的眼鏡去看待。

新書及特價促銷書區，最爭奇鬥妍，每一種都正面展示自己最動人的身影，製造各種動靜，希望引起你的注意。

要把這個區域當市場來看，有幾個理由。

一、提醒自己飲食有主食、美食、蔬果、甜食的區分，進了市場，買到籃子裡的東西樣式要多元一些，所以各種食材都看看。雖然各人有各人的口味偏好，但沒有人進市場永遠只買牛肉，或五穀米的，不是嗎？

二、想到是市場，就應該小心挑揀。不要只因為人家說魚是新鮮的，或看到魚是粉紅的，就以為是新鮮的。要自己看看是不是螢光劑的效果，思考有沒有農藥污染的問題。還有，去市場找一些當日的特價品是不錯，不過，和吃進去的東西的質感、營養和衛生比起來，我們不會只以特價為一切吧？

三、市場，是要經常去的。所以不要忘了為這個區域經常進一下書店。並且，常去，你就知道這家市場特別長於陳列、銷售哪類食材。

對了，出版社辦書展的區域，通常應該看作這一區。

書店有暢銷書排行榜，也有各種名目的推薦書。排行榜和這些推薦書，也許空間上就在新書和特價促銷書區周近，也許不是集中在一起擺放，而是四散在書店各處。將這個區域的內容，當成棒球場上的比賽內容看，比較好；當市場看，太喧鬧了。

看棒球，有各種門道好看。滿壘全壘打、全壘打、三壘打、二壘打、一壘打、四壞球，甚至高飛犧牲打、內野觸擊，各有各的作用與美妙。（所以不論是身為讀者還是出版者的角度，我對排行榜一向沒有特別的排斥，也沒有特別的喜好。因為滿壘全壘打和全壘打的確很有意思，但，那不是棒球的全部。）

所以當我們看書店的排行榜和推薦書的時候，排行榜，像是推薦你看滿壘全壘打或全壘打；店長推薦書，像是告訴你，不要光看全壘打，這支二壘打也不錯；年度推薦書，也許有些是在提醒你漏看了某支精彩的犧牲打。

仔細看這家書店的推薦書（不是出版社自己的推薦腰帶），你會知道這個書店在提供你什麼樣的棒球比賽內容。有些書店專愛強調全壘打，看不到他們對一壘打與四壞球和犧牲打的重視，這裡的棒球就有些單調、枯燥。有些書店的全壘打書單上，有左打有右打有高的有遠的，是一回事；另一些書店的全壘打書單，十種有七種只是打紅中直球，又是另一回事。

所以，棒球場上還是熱鬧，只是熱鬧得要有節奏。否則，那又和市場有什麼不同？

書籍離開平台，離開了市場的喧鬧、棒球場的熱鬧，上了壁面的書架立櫃，不再以正面示人，只是側身站立在那裡，形成了書店的圖書館區，一個開架的圖書館。

我們去圖書館，就是希望了解幾件事：

一、這裡的知識門類到底有哪些？

二、門類整理得夠不夠清楚？

三、門類裡的品種夠不夠齊全？

四、方不方便我們找尋？

五、甚至，如果我們對這個門類陌生，這裡的收藏與陳列，方不方便我們學習了解這個知識門類？方不方便入門？

一家大型的綜合書店與網路書店，當然五個條件都得具備，但是對一個專門或特色書店，看三、四、五也就夠了。

至於針對某一個門類來細部判斷，各人有不同的方法，我把自己檢查一個書店壁面書架的七個基本指標，整理如下：

1. 先用一個你熟悉的知識門類來檢查。譬如，哲學。如果你熟悉的門類的書種很不完整，當然值得你懷疑其他門類是否也不完整。

2. 看這一個門類的書種陳列，是否有一個連貫的年代時序。譬如說，西方哲學類的書，有柏拉圖和亞里士多德，但是接下來一下子就跳到笛卡兒，中世紀及笛卡兒之前的都不見。時間序列少了這麼一大塊，當然表示這個領域不完整。

3. 某一個作家的同時代人的作品，是否夠多。有柏拉圖和亞里士多德，希臘時期的其他哲學家的作品是否也有陳列。

4. 同一個作家，他的其他作品，是否夠多。有柏拉圖的《理想國》，是否其他的對話錄也都有陳列。

5. 同一種書的複本多不多。如果同一種書重複擺了超過兩冊以上，表示這家書店並不很重視書架內容的多元及豐富。

6. 有沒有多年前出版的書。書架上全是新書，不是什麼好事。隨意抽幾本書檢查一下版權頁，看是何時出版的。有些出版十年以上的書，表示這家書店真的樂意在書種的齊全上投資。

7. 設一本檢查書。在這個門類裡，設定一種你自己很喜歡，或者認為很有意思、但不見得是很為一般人熟知的書，當作檢查書。看書架上有沒有這本檢查書，來判斷這個門類的書種是否陳列得夠齊。

網路書店一如實體書店，不論頁面多少，還是分「市場」、「棒球場」和「圖書館」三個區域。

就像前面說的「網路」與「書」可以如何交叉互補，「網路書店」與「實體書店」之間，也是交叉互補的。

「網路書店」與「實體書店」之所以能互補，必須將「市場」、「棒球場」和「圖書館」三個區域統合起來看。

實體書店越是只注重「市場」區域，越難和網路書店互補。

實體書店多注重「棒球場」區域，如果只是注重一些紅中直球的暢銷書排行榜推薦，還是難以和網路書店互補。

實體書店只有在真正把「圖書館」區域的作用發揮起來的時候，才能結合其他兩個區域，和網路書店發生交叉互補的作用。

可能有人會提問：網路書店的資料庫裡儲存的書籍及介紹那麼多，正好在「圖書館」區域是勝過實體書店的利基啊，怎麼會交叉互補？

我會回答：因為我們對「圖書館」的需求有基本特質。

我們對「圖書館」需求的基本特質有三。

第一個需求，想找一本我們知道書名、手邊卻沒有的書。

這種情況，網路書店發揮的作用最快速也最明顯。就這一點來說，實體書店比較弱。但是實體書店可以從另外一個極端來彌補：在實體書店可以邂逅原來完全不知書名也沒想搜尋，但一翻之下卻大感驚喜的書。

第二個需求，想找一本我們有某種需求、但卻不知如何找起的書。如果用關鍵字去搜尋，網路書店有時候會發揮令人驚奇的作用，有時候只會令人莞爾。實體書店如果有適任又熱情的店員，會發揮令人驚奇的作用，否則就幫不上忙。

第三個需求，想從一本書之後，多了解其他相關的書。網路書店可能讓你看到一個其他人購買過的參考書單。但這種參考書單有兩個問題。一、其中有些可能相關，有些不然；二、很多書其中的關聯還是很模糊，只憑網頁上的一些介紹遠遠不夠。

然而，一家實體書店的圖書館區的分類書架，在準備得充分的前提下，這時卻可以提供不同的服務。因為分類書架上的書，是我們可以站到書的面前，自己拿下來，或有意或隨意地自行翻閱。不只是看封面，不只是看目錄，不只是網頁上提供的那幾頁摘文。這就可以和網路書店互補。

事實上，每一家書店（不論是實體還是網路），最終都要把自己的圖書館角色與功能扮演好。只有當讀者知道、樂意並習慣使用你這個圖書館的時候，他才不會只為「市場」區域的一些折扣喧譁而到處亂跑。

第三部　尋找那本神奇的書

14 拒絕離開監獄的少年

幾年前一個春天的下午，我們家陽台上的植物，在陽光下內蘊著飽滿的翠綠。

在我對面，體型顯得有些瘦削的少年，有時候坐著，有時候站起來走動；有時候閉鎖著眉頭，有時候看不出任何表情，一直透著陰鬱。

當年，這個少年建中應屆畢業，出現了一個狀況，他家人說不動，就要他來找我。他願意來，我很感謝，但是談了快一個小時，看不出他神色有明顯的變化。

他的狀況是：照學測的成績，他可以進台大政治系，但那是他的第二志願；而他堅持要進第一志願台大法律系。因此，他要放棄入學，準備第二年重考。家人如何都勸說不了。

「你如果對法律那麼有興趣，可以進台大再轉系啊，或者，再雙修啊。」

類似這樣的勸導，我相信他父母都說了很多遍，我也在談話開始不久之後拿出來問他。

他說話聲音不大，ㄗㄓ、ㄙㄕ的音都咬得很清楚，但不論是聽你說了一會兒，或是他想了一會兒之後，都還是會回到那一句話：「可是我覺得還是重考比較好。」

我逐漸體會到問題所在了。

這是學校成績太好的學生的問題。他接受不了無法進自己的「第一志願」，只能進「第二志願」的事實，沒面子，所以就鑽進牛角尖。

但是對心思敏感的這個少年，我難以直說。

後來，我想到了一個比喻，就跟他說了意思大致如下的一段話。

你有沒有想過，中學六年的時間，其實是在監獄裡？

因為被告知你們的目標就是要進所謂好的大學、好的科系，所以目前要犧牲你們少年生活應有的享受，早起晚睡，一切都為了考試、考試、考試，這像不像是被拘禁在一個監獄裡？

因為錯一題的分數就可能影響你們志願科系的分發，所以你們要花大量的時間在教科書和參考書上，把字字句句都一遍又一遍的咀嚼吞嚥，不論那些字句到底有沒有價值或趣味。這像不像是日復一日地吃同樣的牢飯？

現在，六年過去，畢業時間到了，像是出獄的時間到了。有的人分發到第一志願，像是出了獄門之後，可以開一輛法拉利跑車絕塵而去。

你現在認為台大法律系是你的第一志願，像是你出獄之後想坐上去的法拉利跑車。但是台大政治系這第二志願也不差啊，也是賓士，也是很頂級的車啊。

你要堅持重考的話，就像是出獄了之後，還要在監獄旁邊搭個小屋再自囚一年。只為了第二年你可以搭的是法拉利，而不是賓士。

但重點不在於出獄的時候開的是什麼車啊。只為了一年後可以在獄門之外搭上法拉利，就這樣繼續在監獄旁邊自囚一年，是不是太浪費生命？

你一定還有同學開的車遠不如賓士，他們都已經準備離開了。你卻要為了堅持要搭法拉利就在原地停留一年，這一年時間，人家都已經不知去了哪裡。這不是太傻了嗎？

好不容易度過了監獄這六年，重點在於趕快出獄，走你人生繼續走的路。

就趕快開車離開吧，離得越遠越好。何況，你開的也還是賓士呢。

那天我最多也只能說到這裡了。

但是我完全不知道他聽進去了多少。他離開的時候，表情依然不見有什麼明朗的轉變。

我有點不太敢問他家人後來如何了。只是過了一陣子之後，我聽他媽媽說：他不重考了，就進台大政治系了。

那天下午的談話，我的感觸非常多。

之前，我就曾經以監獄來形容過中學六年的生活。但是那天談話讓我震驚的是：這監獄的控制和影響力量，顯然遠超過我的想像。

升學主義的教育體制，把學校打造成監獄。進監獄的一切目的，就是為了離開的時候是否可以風光地搭上升學主義所定義、分等的好車子。

結果連一個在監獄裡的成績已經夠好、已經可以在出獄的時候開一輛賓士車離去的少年，都完全被法拉利才是最高級車的認定所催眠，寧可在監獄旁邊再繼續自囚一年。

何況，這還是一個一向很有自己想法的聰明少年；在中學低年級的時候，還曾經因為太愛發問、太調皮，而被老師霸凌過，自己經歷過種種掙扎、探索的少年。

中學階段六年時間的「填鴨」教育對許多閱讀觀念、習慣的破壞性影響，我們都已經在前面談過了。但是從這個拒絕離開監獄的少年身上，可以看到這種「填鴨」教育更根本性的一個問題：連人生的方向都被「填鴨」了。

我們的考試被要求「標準答案」，結果連人生方向也都跟著必須有「標準答案」。

偏偏，人生是沒有「標準答案」的。

人生是個旅程的話，不是每個人都要走同樣的方向，不是每個方向都適合開法拉利跑車。有的路適合騎腳踏車，有的路甚至最好是步行。

要打破這個根本性的「填鴨」，我們只能訴求閱讀和人生的一個最根本的連接。

這個連接不再是閱讀的均衡，也不再是閱讀的速度、方法，而是閱讀和夢想的關係，閱讀如何提升人生層次的關係。

15 因為失戀而提升的人生：朱邦復的故事

人生層次的提升，原本不見得非閱讀不可。

有人可能是經過一場長途旅行。

有人可能是在一場秉燭夜談之後。

有人可能是因為經歷了一場失戀。

因為失戀而使人生有大破大立機會，不能不提一下朱邦復的故事。

我們今天可以如此方便地在電腦上使用中文，就是和這個人有關。

朱邦復的父親，是國民政府遷來台灣時的高官。少年時期，他的母親就過世了。因為患的是肺病，怕傳染，所以他母親常把他叫來，從病榻上遠遠地和他對望。這種記憶，成了很早就烙印在朱邦復心上的傷痛。

朱邦復在父親再婚之後，和家人相處得不愉快。少年期的叛逆性格，造成許多衝突，甚至導致他父親聲明脫離父子關係。

大學時期他去台中讀農業，有機會離家遠些。大學畢業之後，他想離家更遠些，就找親友募集了一些錢，遠去天邊，到巴西墾荒。

經驗不足，人情歷練不夠，又在完生陌生的異鄉，朱邦復的錢很快用光，墾荒失敗。他沒有臉見江東父老，就在巴西留下來，和一群嬉皮廝混。

廝混了一陣之後，朱邦復終於頭一次在孤獨的人生中感到一種慰藉。他在嬉皮堆裡愛上了一個從美國浪跡而來的女孩凱洛琳。

然而，凱洛琳卻終究離去了，走的時候連話都沒講上。

這個打擊太大。

朱邦復無法相信凱洛琳連道別都沒有就一去不返，不相信她有這麼殘忍。但是從前房到後間，他徹底地搜索了一遍之後，不得不接受這個殘酷的事實。

朱邦復如此描寫他的心境：

渾身冰冷，我崩潰了，衝到浴室中，把門窗關緊，門縫也用毛巾塞得嚴嚴的，我要盡情的痛哭，我要徹底的宣泄這滿腔的濁流。我哭得涕淚交流，汗水滿身。我呼天搶地，上蒼何以如此待我？

然而，也就在這麼痛不欲生的情況下，朱邦復的心境突然有了微妙的轉變：

我吞嚥著鹹濕的淚珠，突然，我記起了她的話：「還沒有到道別的時候。」

是嗎？她是不是還要回來呢？或許不與我道別，表示我們還有重聚的一天呢？這話不通，道別又不是訣別。但是，她也說過：「相愛不必長相廝守。」

肉體雖不在一起，愛的分量並不因之而減低。是的，她已經長駐我心，我們還能夠分離嗎？母親去世時，我並不在她身邊，我又何曾因生死互隔，而沖淡了對她的敬愛呢？

那麼，我在這裡哭什麼？我傷心什麼？我曾對她說，我要的是永恆的愛。而她已經給了我，我還有何要求呢？

剎那間，朱邦復突然體會到：不僅是凱洛琳，連他的母親、父親，親戚朋友，在巴西的那些嬉皮朋友，每一個都是愛他的。

每天，我由陌生人的微笑中，吸收了愛的滋養，由日月星辰的光芒中，獲得了愛的泉源。大地承載著我，空氣保護著我，萬物在我身體、感官中進進出出，供給我生命的糧食，難道這些不是愛？

我有幸得到了一切的愛，而我還不滿足。以往我不自知，就是知道了也不肯承認。而這一刻，我憑什麼怨天尤人？（以上摘自朱邦復的《巴西狂歡節的迷惘》。）

像是沐浴在天啟的光流裡，朱邦復蛻變了。那一刻之後的朱邦復，不再憤世嫉俗，決定給人生找出一個方向，讓自己創造價值。

他決定回台灣，做些對中國文化有意義的事。那是一九七〇年代初的事，當時沒有中文電腦。要在電腦上打中文，要由打字員用一種特殊的大字盤機器去一個個選字。

而經過四年的摸索，朱邦復發明了倉頡輸入法，把中文字拆解成部件，直接可以對應電腦鍵盤上的英文字母來輸入。他還發明了一種中文字形產生器，放在電腦裡，就可以把輸入的中文顯示出來。

宏碁電腦是打著「中文電腦」的旗幟起家。一九七六年創立的宏碁，當年用的就是朱邦復的倉頡輸入法和中文字形產生器。而對這兩項發明申請了專利的朱邦復，為了方便中文電腦更廣泛地推廣，自己又放棄了專利，讓他的發明可以為人人所用。

今天在電腦上使用中文的人，都不該忘記朱邦復。

而朱邦復的生命的提升，就是在一場失戀之後。

16 因為秉燭夜談而提升的人生：辜鴻銘的故事

人生的提升，又經常可能是因為遇到一位貴人，受到他的啟發。

清末民初的辜鴻銘，就是這樣的故事。

辜鴻銘是個馬來西亞華僑，祖籍福建，母親則是葡萄牙人與馬來人混血。

十歲的時候，辜鴻銘隨一個據說是他義父的英國商人去歐洲求學。他先是在蘇格蘭上學，後來去德國，再去法國求學。

在歐洲前後十四年，辜鴻銘在愛丁堡大學修文學、巴黎大學修法學、萊比錫大學修土木工程等學位，在語言能力上，則除了精通英語、德語、法語之外，還會拉丁文和希臘文。

回到馬來西亞後，辜鴻銘先是在故鄉檳榔嶼的英國殖民政府裡工作，但是第二年，他遇到馬建忠，人生產生巨大翻轉。

馬建忠以他所寫的現代觀念的中國文法《馬氏文通》而著稱，也是在那個時代很奇特的人物。馬建忠童年就進耶穌會學校讀書，也去過法國留學，因此通曉英、法、拉丁、希臘文等語言。

一八八一年，馬建忠在李鴻章門下當幕僚，奉命去印度談判鴉片買賣等事務，路過馬來西亞，與辜鴻銘相逢。兩人都有在西方受教育的背景，顯然是相逢恨晚，秉燭夜談，一談談了三天。

馬建忠跟辜鴻銘說，時代巨變，中國處於危急之秋，像他這種人才，應該投效國家。

辜鴻銘接受了他的建議，辭去工作，先到香港，在那裡學習接觸中國文化。不久，他就去廣東，當了湖廣總督張之洞的「洋文案」（外文秘書）。張之洞的幕僚裡臥虎藏龍，各種人才都有，辜鴻銘也從這些同僚身上深入地鑽研中國文化。

晚清，張之洞以提出「中學為體，西學為用」而聞名。他編練新軍、重視新式教育，奏請光緒皇帝籌辦「自強學堂」。辜鴻銘就輔助張之洞辦理這些事務。之後，辜鴻銘在清廷外交部工作過一陣，又去南洋公學當教務長。

辜鴻銘最為人熟知的，是他在民國初年，應蔡元培之邀，到北京大學當教授，主講英國文學，與胡適、陳獨秀等人一起成為北大熠熠生輝的教學陣容。但是，在那個以北大為中心，種種以西方為師的新文學運動、新文化運動風起雲湧的時代，辜鴻銘這個留學歐洲，通曉多種西方語言的人，卻轉身成為把中國傳統文化旗幟舉得最高的一個人。

辜鴻銘不但成為保皇派的代表，還留辮子，一身傳統長袍馬褂，酷愛女人纏足。他主張「一夫一妻多妾制」，提出一個比喻說：一夫多妻行得通，是因為那是一把茶壺配幾只茶杯，而一妻多夫行不通，是因為那是一只茶杯配多把茶壺。

辜鴻銘的言行雖然引起爭議，但他兼通中西文化的背景與學養，還是為大家所肯定。他用英文及德文寫過一些介紹中國文化的書。很多人都知道林語堂的英語著作曾經登上《紐約時報》的排行榜。其實，早在那之前很久，辜鴻銘有一本書《中國人的精神》就在歐洲和美國都成為暢銷書。

辜鴻銘的生命提升，是在和馬建忠連續三天的促膝長談之後。

17 因為閱讀一本書而提升的人生：甘地的故事

我們人生層次的提升，雖然可能因為一場失戀，或因為遇上一個奇人促膝長談三天而發生，但這種情況發生的機率無從掌握，付出的代價也可能太大。

所以，在對比之下，閱讀在這件事情上的意義與價值就很清楚了。

閱讀，就是讓我們不必親身經歷那場驚心動魄的愛情，也能照樣體會作者所經歷過的震撼，跟他走了那一趟生命之路。

閱讀，就是讓我們不必擔心自己沒有機會遇上一個特別的人談上三天三夜，照樣可以體會一個人的生命可能如何翻轉，跟隨他一生的軌跡走一遍。

如果懂得閱讀，我們可以透過書本這個極其方便的媒介，以極為便宜、區區幾百元台幣的代價，就能體會到人的生命層次可以如何提升。

離現在大約一百年前，也就是上個世紀的一次大戰之前，有一天，在南非約翰尼斯堡的火車站，有個人要搭火車去另一個叫作德班的地方。

這個人就是甘地。當時，他還不是日後為世人所景仰的印度聖雄，而只是在南非執業的律師。

在火車站上，一位來送行的朋友，塞給他一本書，好在二十四小時車程的旅途中閱讀。

甘地上車後，一拿起書就放不下了。

日後甘地在回憶錄裡說，他不是閱讀很多的人。在他上學的時候，除了教科書，他幾乎什麼也不碰。出社會工作後，也很少時間閱讀。不過也正因為如此，他讀到一本書，就會大力消化。而他在那趟火車上讀到的這本書，立刻給他帶來了巨大的衝擊。

等到火車抵達目的地，甘地踏上月台的那一刻，他知道自己的人生徹底不同了。

「我決心根據這本書的理念，改變我的人生。」甘地說。

這本書名叫《給後來者言》（*Unto This Last*），是十九世紀的英國人約翰．拉斯金（John Ruskin）的作品。

約翰．拉斯金是一百多年前英國一位兼有藝術家、文學家等多重身分的人，但是他寫的《給後來者言》，卻可以說是一本給商人和企業經營者看的書。

甘地說他特別感動的，是拉斯金談論個人與群體的關係，以及工作的價值，尤其是體力勞動的價值。

拉斯金在書中有個章節還特別強調商人的原則。

他認為，雖然商業的發展，使大家認為商人的本質就是要為自己打算的（selfish），並且為了追求利潤，無商不奸（cheat）也是可接受的，但他覺得這是必須揚棄的想法。

拉斯金說，一如戰士為了保衛國土，牧師為了教導人民，醫師為了治療病患，律師為了伸張正義，而有必須以身相殉的目的和決心，商人也是。市場也像布道壇一樣，需要它的殉道者。

但，商人要以身相殉的目的是什麼呢？

拉斯金認為有兩點：

第一，身為商人，他供應的商品與服務的「完善與純正」（the perfectness and purity）。

第二，身為商人，需要和上中下游這麼多環節的人相互交易、工作，他不能只為一己之利著想，而必須透過產品的製造，貨品的交易，而「有益」（beneficial）於所有參與的人。

從這「有益」的角度出發，拉斯金提出一個商人種種該有的作為與堅持，尤其是對一些公正法則的堅持。

為什麼要堅持這些公正法則？他說：「遵照供需的法則生存乃是魚類的特權，也是鼠類與狼群的特權；但人類異於禽獸，遵照公正的法則生存。」

而這些公正法則，足以需要堅持到不惜以身殉道嗎？拉斯金在書中回答：「說實話，人若不知道什麼時候應當赴死，也就不會知道該怎麼活。」

後來，甘地在他的自傳中，有一章名之為〈一本書的神奇魔咒〉，專門談這本書對他的影響。而甘地後來改變人生，包括他從事不抵抗運動，都是因此書而起。甘地也因為重視這本書，將此書濃縮改寫為印度文，之後，再由印度文翻譯回來，是為《萬福之書》（*Sarvodaya: A Paraphrase of "Unto This Last"*）。

因為一本書而改變一個人對人生的觀點，而翻轉一個人的生命發展軸線，不勝枚舉。

像前面提到的《如何閱讀一本書》的作者艾德勒，也是個例子。艾德勒早年因為想當記者，所以輟學去報社打工，後來為了改善寫作，去上大學的夜間部課程。

這時他讀到了一本書，改變了他的一生。這本書就是十九世紀英國重要的思想家彌爾（John Stuart Mill）的自傳。

彌爾沒有進過學校，因為他父親依照自己的意見，力圖使他得到最高等的知識教育。於是，他三歲學希臘文，七歲讀柏拉圖的前六篇對話。八歲學拉丁文，開始讀西塞羅的演說辭，及亞里士多德的修辭學。整個童年，他熱中於閱讀及撰寫歷史的練習。其他學習的重點，則是數學。

十二歲起，開始讀亞里士多德的工具論，學習經院邏輯。十三歲讀完政治經濟學的全部課程。

十四歲學會法文。十五歲之後，彌爾則認為在促使他智力的發展方面，寫作重於讀書。

艾德勒讀彌爾的自傳，發現他竟然是在五歲就讀了柏拉圖的書之後，不但從此為哲學所著迷，也開始了他在大學的正式求學，最後自己也在學術領域卓然成家。

像甘地、艾德勒這樣，因為閱讀一本書而提升了自己人生的例子，不勝枚舉。

這就是閱讀的力量，以及神奇之處。

所以，閱讀的真正價值和意義，不在於你擁有多少書，也不在於你讀了多少書。

不只是掌握了適當的速度，不只是掌握了足夠的方法。

不只是追求增加知識，不只是可以享受閒情逸趣。

閱讀的終極價值和意義，在於你是否能遇上一本書，讀過了這本書之後，你的人生從此開始不同，從此開啟了新的夢想與未來。

《給後來者言》　約翰・拉斯金／著　（網路與書出版）

《我的知識之路——約翰・彌爾自傳》　約翰・彌爾／著　（網路與書出版）

18 怎樣尋找那本神奇的書

既然閱讀的終究意義是提升我們的人生層次，那我們來談談如何尋找那本神奇的書——那本可以改變我們人生，讓我們人生在拿起那本書和放下那本書之間，產生神奇變化的書。

從相當大程度來說，這本神奇的書，是可遇不可求的。遇上這本神奇的書，可能純粹是機緣。像甘地那樣，正好在火車月台上收到朋友送他的一本書，根本不是他找來的。

但我們談閱讀，還是可以設法透過練習，使得遇上這本書的機會是操之在己，並且可以增加機率。這涉及到一個前提，還有一些方法。

◎最重要的前提，是需要相信一件事情。

我們需要相信：不論任何人，都有自己人生條件的侷限。也不論任何人，都有打破這種侷限，讓自己人生層次得以提升的可能，並且可以透過閱讀來提升。

閱讀與夢想，存在著兩種關係。一種是，因為我們閱讀，所以發現了一個夢想，自己的人生因而改觀；另一種是，因為我們先有了一個夢想，所以透過閱讀來累積自己前行的資糧，因而改變了自己的人生。

不論是哪一種，只要相信閱讀與夢想的關係，我們就有可能透過閱讀來提升自己的人生層次。

台北的新生南路上，有家書林出版社。他們出版或經銷的文學、語言學書籍，深入全國各大學校園，四十年來影響深遠。

書林的老闆蘇正隆瘦削、內斂，我認識他多年，卻也交談不多。過去我知道他對文學、語言學有深入研究，但後來在一次餐會上，偶然間得知他對植物的鑽研也很深。

我問他為什麼有這個興趣。蘇正隆回答我：「因為我很小就當隱士，自耕自食。」就此聽他打開話匣子。

蘇正隆說他自小十分內向、木訥，不善於表達自己，也不知道怎麼和別人溝通。他母親是文盲，父親受日本教育，但漢學不錯，是少數的台籍老士官長，不過因為不是軍官，所以一家只能住在眷村外圍的大通院，因此小時候很自卑。

但是蘇正隆喜歡閱讀，相信什麼事情都可以從書裡找到答案。因為父親是軍人，不常回家，小學二年級起就幫忙父母寫家書。小學五年級在小閣樓上找到父親讀過的《古文觀止》、《古今文選》、《千家詩》等，如獲至寶，也受到其中隱世思想的影響，因此很早就想當隱士，可以自給自足，也可以上窮天文，下究地理。

所以蘇正隆除了喜愛文史讀物之外，很早便開始研究生活中可見的動、植物，尤其是植物。他說自己受孔子一段話影響很深：「小子何莫學夫詩？詩可以興，可以觀，可以群，可以怨。邇之事父，遠之事君。多識於鳥獸草木之名。」（《論語．陽貨》）所以後來不論讀莎士比亞或其他文學作品，只要碰到動植物的名稱，都會追根究柢去查個明白。

台大外文系畢業後，他去服兵役，有一天看到荒野基金創辦人、自然生態作家、攝影家徐仁修在《中央日報》上發表一篇文章。當時山難頻傳，徐仁修感慨應該要有人出一本野外求生手冊，希望有人和他合作。

蘇正隆在大學時已經根據文獻親自烹煮過一百多種野生食用植物，朋友笑稱他神農嘗百草，所以就寫信自薦，因而結識徐仁修，日後又進而認識出版界的鄧維楨、王榮文等人，這樣的人脈到後來成立書林時就很有幫助。

至於他開書林的因緣，是大四畢業的時候，班會決議應開個書店及出版社，讓外文系師生的用書比較有便利的供應管道。

當時台灣供應外文書的幾家出版社形成壟斷，完全是賣方市場，書價貴、學生到書店不能抄筆記、買了不能退書。因此他們班會對將來這家書店所寄望的，就是可以配合學校教學需求而供書、店裡有座位、書價合理、學生可以換書。

蘇正隆服完兵役後，有一天偶然在羅斯福路認識一間日式平房的房東要出租，月租只要一千元。那時他幫雜誌社寫自然觀察的文章，一個月可以拿到五千元稿費，覺得還負擔得起，就找了同班兩位同學一起執行班會決議，創立了書林。

一個內向而自卑的少年，因為對隱士生活的嚮往，而對植物、自然觀察產生興趣，再因而結下種種善緣，打開人生種種神奇的門戶。

蘇正隆的成長故事，是典型的透過知識建立信心，透過閱讀實踐自己夢想的旅程。

但這會是一個孤獨的旅程。甚至可以說，只有享受孤獨的人才能走出的旅程。

因此，回頭看這本書前頭所說，讀書是打開一個黑夜的比喻，可能另有意義。

讀書和黑夜，都可以讓我們對孤獨深有體會。

白晝我們比較不會感到孤獨，黑夜則會。同樣的，網路上的閱讀，有音聲、動畫、社群，比較不會孤獨，但是閱讀紙本書，則會。

紙本書設計的本身，以及氣場，本來就是在邀請我們孤獨地進行閱讀。

更何況，書在一些特殊的孤獨狀態中閱讀，格外有種撼人心神的力量。

香港城市大學的張隆溪教授，曾經寫了一篇文章，談他的一段閱讀經驗。

張教授在文革開始後不久，到四川南部一個山區下鄉，在那裡當了三年農民。當時他的體重不到一百磅，沒有足夠的食物，生活非常艱苦。唯一陪伴他的，是兩本書。其中一本是希臘羅馬文學的讀本，內容包括英譯荷馬史詩、希臘悲劇等等。

在那個荒涼的山村，夜裡他只能在自製的小煤油燈，微弱的光線下讀書。

也因此，當他讀《伊底帕斯王》讀到最後一句，「在一個人生命尚未終結，沒有最終擺脫痛苦和憂傷之前，不要說他是個有福的人」的情境，格外逼人。

他回憶讀完這最後一句時的場面是這樣的：

> 正是午夜之後，四圍是無邊的暗夜，只有一燈如豆，映照出索福克勒斯悲劇那驚心動魄的文字。……竹林裡一陣蕭瑟的風聲，河裡遠遠傳來潺潺的水聲，我好像獨自一人處在洪荒曠野之中，感受到天地自然那種原始、神秘而無可抗拒的力量。

後來張隆溪成為國際知名的比較文學與文化學者，都是從那個孤獨的夜晚開始的。

在孤獨中閱讀，在孤獨中摸索自己的夢想，還有更重要的一個作用是：我們可以保持自己獨立的思考。

一如這本書剛開始的地方所談，今天在網路時代，我們不怕沒有機會加入社群，或是從協力合作中學習。反而，我們需要注意保持自己不受他人影響，對世界與人生有獨立的觀察與夢想。

中學階段的少年，需要在考試教育的種種洗腦中，眾所追求的「標準答案」、眾所認定的法拉利跑車中，孤獨地保持清醒，從閱讀中尋找夢想，往夢想前行中尋找閱讀。

這需要孤獨的攀登，透過黑夜的自我攀登。

◎

另外，有些方法。在我們等待機緣，遇上那本神奇的書之前，起碼我們應該知道一些尋找書的方法。

如果說閱讀也是一種飲食，那就是說我們需要了解如何覓食。不是靠別人配給我們的，而是當自己對某件事情感興趣的時候，有能力找到一本自己喜愛的書。

有能力覓食，會吃上一頓終生難忘的美食的機率自然也就跟著大起來。

閱讀的覓食，可以練習。有兩種方法，一是選擇一個自己感興趣的題目，二是選擇一個自己感興趣的人。

我們先看感興趣的題目。這可以分幾個步驟。

一，題目盡量不要大，譬如什麼哲學、科學、心理學的，而要小，譬如「愛情」、「飛機」、「夢想」。

二，設法列出五十本和這個題目相關的書單。找的時候不要是同一類的，而要兼顧這本書前面所說的主食、美食、蔬果、甜食四種不同類別。

換句話說，如果對「夢想」這個題目感興趣，不要光選五十本和夢想相關的小說和漫畫，也要加上相關的歷史、哲學等類別的書，並且要有意識地加入自己感覺閱讀起來有些難度的書。

在列這個清單的時候，最好認識（至少）一位可以提供些建議的人。如果不認識，以今天網路的便利，可以另外找到參考資料。

附錄一，是我們過去曾經整理過的和夢想相關的五十本書的書目，分布在不同類別，可以當作書單的參考。

三，書單列出來之後，不論去書店或圖書館，要把這五十本書都實際拿到手。然後，交叉使用前面所說的「不求甚解」、「觀其大略」、「熟讀精思」的方法，或者至少用「檢視閱讀」的方法，看過一遍。

運氣好的話，可以一次就從中發現三本（至多不要超過五本）自己想要帶回家進一步細讀的書。不然，可以先把五十本書過濾一半，把剩下的書再檢視一遍，然後再挑一遍。

四，回家把這三本書「熟讀精思」地讀一遍。在閱讀的過程裡，可以搭配著相關的網站來查閱從書裡發現的新線索。

我的經驗是，這樣閱讀從五十本書裡挑選出的三本書，至少有一本會讓自己覺得在這個題目上大開眼界。

找到這一本書，就是找到自己喜愛的書的第一步。而只要有了這本書，它本身就會再引領我們找到第二本、第三本喜愛的書。

我們還會發現：隨著練習的次數增多，未來我們設定其他題目的時候，逐漸不必要讀過五十本書才能從中挑出最值得讀的那三本書。

如果是選擇一個自己感興趣的人來閱讀，過程也一樣。

選定了這個人，就設法列出五十本和他有關的書，也同樣要兼顧不同的類型，然後挑出三本我們要最後細讀的書。

如果是對人感興趣的話，有可能比較方便的一點是，我們可以跟著他自己的人生足跡去按圖索驥，找出哪些是影響他的書，跟著他去閱讀。

閱讀的覓食者也可以說是閱讀的狩獵者。

這本書的附錄二，有一個閱讀的狩獵者的等級分類。我們可以檢查一下自己的位置。

◎

我們用飲食來形容閱讀，我們用狩獵來比喻閱讀，但是閱讀和實際的飲食或狩獵有一點不同。

實際的飲食或狩獵中，食物和獵物不會主動出現在我們眼前；但是閱讀會。

如果我們真心相信閱讀會發生那些奇妙的事，那本神奇的書，就會在一個我們意想不到的時刻和地方，主動出現在我們眼前。

結語：
少年人的新世界

自古英雄出少年。

過去健康及各種條件不好，人的壽命不長，人的成熟期也很早。十幾歲已經結婚生子，十幾歲也要考取功名，或者文名大噪。

不要說太遠的例子，清末民初的時候，梁啟超十六歲就中了舉人，被譽為「嶺南奇才」；陳獨秀十八歲就寫了〈揚子江論略〉，被譽為「皖城名士」。這種例子很多。

當然，這不是說隨著社會環境及健康條件的改善，人的成熟期就一定要延後。起碼有些西方的例子就不是。

創立微軟的比爾・蓋茲，十四歲就在學校開始接案；創立臉書的馬克・祖克伯，當年十九歲；掀起VR熱潮的帕爾默・拉奇，十八歲打造第一台VR原型機器；這都是大家耳熟能詳的例子。

二〇一六年的《財富》（*Fortune*）雜誌，有一篇〈18 Under 18〉的文章，報導了十八名年齡不到十八歲的少年做了些什麼事。從全方位育兒服務到服飾設計到全球最快無人飛行器公司的創辦，跨越多個領域。

年齡最小的入選者烏瑪（Mikaila Ulmer）只有十一歲，因為「從恐懼排斥到關心蜜蜂對整個生態系統的重要性」，創立了一家以蜂蜜加亞麻籽的檸檬水公司Me & the Bees Lemonade，並兼任執行長。

十四歲的班納傑（Shubham Banerjee），則創立了一家公司Braigo Labs，生產低成本的盲人點字印表機，最新的機型可以使用無線網路與藍芽自動把網站上的內容轉化為點字印出來。

而像這本書前言所提到的印度十四歲少年札拉，發明空中拆地雷的無人機，例子多有。荷蘭的波楊・史萊（Boyan Slat）十六歲去希臘潛水後，開始發心清理海洋垃圾，今天已經眾所矚目。

英雄出少年。今天格外是。

但是，在今天的台灣，卻有著相反的事情在發生。

雖然人的壽命延長，求學的機會普及，各種書籍的取得更方便了，但是台灣十幾歲的少年卻被拘禁在考試的監獄裡，離社會上認定，或者起碼父母認定的成熟階段還遙遠得很。

諷刺的是：因為網路上各種資訊與知識的流通，以及各種行動載具的普及，還有參與社群的方便，使得實際上每個少年的成熟程度都可能遠超過學校及父母的認知。

今天的少年，只是被拘禁在一個虛幻的監獄裡。

但是經過太久的催眠，大家都接受了監獄的真實，並且即使到了要出獄的時刻，還都願意繼續接受催眠，寧可選擇留在監獄旁邊。

所以，中學階段的少年，如果確實體認到自己是置身於這個監獄之中，那有兩件事情可以做。

第一，我們要開始自己的越獄計劃。越獄計劃不是要退學。而是從現在開始，就決心不要再被這個監獄所限。

大約一百年前，美國有一位教育家，也是哲學家的杜威（John Dewey），寫了一本《民主與教育》。杜威在這本書裡談的許多觀念都是劃時代的，對今天的台灣，尤其有意義。

我從這本書學到最重要的三點是：

第一，民主並不只是一種政治形態；主要是一種共同生活的模式，一種協同溝通的經驗。正因為民主社會的生活形態中有不同利益的彼此交融，所以比其他社群更需要注重審慎而有系統的教育。

第二，這種教育不應該另有目的。教育過程的本身就是目的。也正因為如此，我們只有盡量善用眼前的生活，才是對日後的人生和工作最意義的準備。

第三，要在一個社會裡做個有用的人，就是讓自己從群體生活中得到的，與自己對群體的貢獻平衡。這些貢獻並不是看得見的財物，而是一個人有自覺地讓自己的生活更寬廣、更深化。

不論從哪一個觀點來看，我們中學生都不能小看自己。

我們只是年齡剛好落在十幾歲的這個階段。我們有我們的不成熟之處，但年齡比我們大許多的人也有他們不成熟之處。

我們是完整的個人，所以每個人都有自己的獨特之處。我們自己的人生，早已經開始，絕不是非得在幾年後進入什麼樣的大學才算開始。

在考試教育下的人生認知，是一連串講究「標準」過程的產物：標準的答案、標準的讀書方法、標準的升學路程、標準的人生路程。

這一連串「標準」的過程，形成一個魔咒。

中學階段的少年，要打破這個魔咒，可以從其中的一個環節著手：讀書的方法。我們就從改變自己的閱讀開始，打破這個魔咒的連鎖作用。

在網路時代，我們一方面知道如何活化自己的各種感官，從社群與協力合作中學習，也知道如何在黑夜中閱讀，孤獨地追尋閱讀與夢想的關係。我們現在就實踐自己相信的人生，也相信我們的人生可以經由一本書而改變，發生神奇的提升。

第二，是讓自己的父母認清這個現實，發生改變。

我請教台大的葉丙成教授，為什麼儘管有十二年國教，今天台灣的中學階段仍然擺脫不了考試教育。葉教授認為，現在許多中學老師已經在進行改革，但問題主要出在兩端。一端是大學，大學完全不顧這些改革，考招仍然以分數來標定學生表現；另一端就是許多家長不用功，不了解世界的新趨勢，只知道迎合大學的考招方式，來要求自己的孩子學習、補習，甚至排斥一些老師在學校裡進行的改革。

我認為：要說服這些父母認清現實，發生改變，他們自己最珍惜的子女可能比較使得上力。

父母，不會不希望自己的子女在更好的環境裡成長。但是在今天變化這麼大的世界裡，很多父母可能沒有意識到環境的變化，也可能是對子女的「關注」過度，結果適得其反，反而成了阻礙改革的因素。

如果中學階段的少年能自己從閱讀開始改變，從而對世界的認知、對人生的想像與期許也都產生變化，是不難被父母所覺察的。有了這些變化，會不會比較容易和父母溝通，讓他們接受孩子需要改變，或已經改變的事實？

這件事情與其交給別人做，不如由少年自己來著手更有效。做這件事，也可能就是越獄計劃裡極其重要的一步。

告訴父母：你的人生，有比那些標準答案、標準升學更美麗又奇妙的可能。

我認為這值得一試，也必須一試。

畢竟，未來，是屬於少年人的新世界。

這句話由少年人告訴大家，最清楚也最有力。

《民主與教育》　約翰·杜威／著　（網路與書出版）

附錄一：與夢想有關的五十本書

《革命前夕的摩托車之旅》　切・格瓦拉／著　（大塊）

拉丁美洲不滅的革命理想、青年熱情。

《堂吉訶德》　塞萬提斯／著　屠孟超／譯　（遠流）

西方小說的起始。《堂吉訶德》也是為了實現理想不惜頭破血流的代名詞。

《一千零一網》　提姆・伯納李／著　（臺灣商務）

因為這個人的發明，我們有了WWW互聯網。

《哆啦A夢》　藤子不二雄／著　（青文）

每個人童年的夢想玩伴。

《月亮與六便士》　毛姆／著　傅惟慈／譯　（志文）

以畫家高更為原型而創作的故事，主角為追求藝術的至高境界，瘋狂又震撼人心。

《大亨小傳》　費滋傑羅／著　喬志高／譯　（時報）

不僅是一個愛的故事、關於夢想的故事，也在失落中顯現了追求夢想本身的動人。

《白鯨記》　梅爾維爾／著　鄧欣揚／譯　（桂冠）

復仇其實也是一種夢想。更堪稱了解鯨魚以及航海的教科書。

《駱駝祥子》　老舍／著　（金楓）

一個原本深信努力工作就可以獲得光明前程的勤奮青年，最後面對的悲劇。

《流浪者之歌》　赫曼・赫塞／著　徐進夫／譯　（志文）

在河流的密語中，一個追求真理的人終於撥開一切障礙，證得大道。

《基度山恩仇記》　大仲馬／著　鄭克魯／譯　（遠流）

寶藏加上復仇雪恥的情節，再加上大仲馬的生花妙筆，打動了每一個人心中的欲念和夢想，每一個人都想成為基度山伯爵，雖然沒人想承受他之前的那些苦楚。

《牧羊少年奇幻之旅》　保羅・科爾賀／著　（時報）

夢想其實就是天命。當我們一步步尋找和實踐自己夢想時，無形中就是在建構著自己的命運。

《夢十夜》　夏目漱石／著　張秋明／譯　（一方）

與其說是夢中發生的故事，還不如說是如同夢一般的故事。每一夜的夢，像露珠一樣閃現光輝，也像詩歌一樣凝鍊動人。

《消失的地平線》　詹姆斯．希爾頓／著　大陸橋翻譯社／譯　（商周）

「香格里拉」這個詞，因為這本書而誕生。

《美麗新世界》　赫胥黎／著　李黎、薛人望／譯　（志文）

科技過度控制人類的未來，在所謂「建立理想國」的虛幻前提下，人變成毫無自由、面貌模糊的群體。

《天地一沙鷗》　李查・巴哈／著　（晨星）

以一隻特立獨行的海鷗來比擬人生卓而不群的自我提升。

《安琪拉的灰燼》　法蘭克・麥考特／著　（皇冠）

一個移民的夢想。愛爾蘭的法蘭斯生命充滿無奈，毫無尊嚴，但是在苦中作樂，懷著一點希望，最後終於得到一張前往美國的船票。

《獨立宣言》　湯瑪斯・傑佛遜／起草　唐諾／譯　（臉譜）

美國建國聖賢對於一個完美國家所描繪出的期待以及夢想。

《理想國》　柏拉圖／著　郭斌和、張竹明／譯　（北京商務）

柏拉圖寫下他對人類政治制度的理想。

《烏托邦》　湯馬斯・摩爾／著　宋美（王華）／譯　（聯經）

借著一名老水手的海外見聞，講一個無法實現的理想國度裡的典章制度。「烏托邦」成為所有難以實現的政治夢想的代名詞。

《狂熱份子：群眾運動聖經》　賀佛爾／著　（立緒）

這本書分析群眾的盲目心理，也說明信仰的危機起源於對真理的失卻、對夢想的失落。

《共產主義簡史：從血堆裡建立起來的理想國》　理察·皮佩斯／著　（左岸）

共產主義曾經是理想的象徵，這本書說明共產主義如何左右二十世紀的歷史進程。

《我愛身分地位》　艾倫·狄波頓／著　（先覺）

「身分地位」是人類最沉重，一個難圓又希望趕快醒來的愛恨夢想。

《1421：中國發現世界》　孟西士／著　（遠流）

作者花了許多年在全球追索資料，在非洲、美洲、澳洲、紐西蘭找到當年鄭和下西洋的種種線索。

《黃金時代：一個荷蘭船長的亞洲冒險》　林昌華／譯著　（果實）

十七世紀初，一位荷蘭船長繞經好望角，來到東印度群島，最終抵達中國，甚至台灣沿海一帶的歷程。

《夜航西飛》　白芮兒．瑪克罕／著　何佩樺／譯　（馬可孛羅）

作者是英國最優秀的飛行家，是歷史上最先駕駛單人飛機由東向西橫越大西洋的人，也是肯亞最睿智的賽馬訓練師。

《改變人類歷史的偉大發明》　郭景／編著　（好讀）

二十世紀一百個重要並影響深遠的發明故事。

《亞歷山大：夢想之子》　曼弗瑞迪／著　（大塊）

這位於三十四歲英年早逝的君王，卻實現了一個後人難以超越的夢想。

《拿破崙傳》　艾米爾．路德維希／著　（大地）

出身寒微的拿破崙如何由一名砲兵少尉登上法皇寶座，進而橫掃歐洲稱霸天下的過程。

《夢是唯一的現實：費里尼自傳》　Charlotte Chandler／著　（遠流）

費里尼這個創造全新電影語言的導演，他的夢境、幻想與現實。

《熱血．夢想．非洲》　珍．古德／著　（遊目族文化）

此書收集了珍．古德從八歲到三十二歲寫給家人和朋友的書信，每封信都流露她對動植物和昆蟲的關注，牠們的一切都牽繫著她的悲喜，從年少到成年，從未改變。

《解剖發明家：愛迪生傳》　保羅．伊斯瑞／著　（希代）

愛迪生以「天才是九十八分血汗加兩分靈感」的名言傳世。這是他戲劇性的一生。

《披頭四》　杭特．戴維斯／著　（商周）

最傳奇的搖滾樂團如何完成自己夢想拼圖。

《假如給我三天光明》　海倫．凱勒／著　（風信子文化）

海倫．凱勒是激勵人心的聾盲人士。這本書講她如何用觸覺來感受這世界的一切美好。

《安徒生日記》　安徒生／著　吉瑟拉．培雷特／編　姬健梅、邱慈貞、歐陽斐斐、高玉美／譯　（左岸文化）

最會講童話的安徒生留下四千五百頁日記，可以看到他的夢想與恐懼。

《夢一途》　吉永小百合／著　（方智）

吉永小百合在完成第一百部電影《鶴》後完成的回憶錄。她形容這一百部電影，讓她經歷了一百個女人的一生。

《簡樸的海岸：鹽寮淨土十年記》　區紀復／著　（晨星）

區紀復辭去高薪工作，和一群有著相同理念的人來到花蓮鹽寮，身體力行地過著一種環保而回歸原始的生活。

《有夢最美：世界知名人物的夢想》　于彤彤／編著　（創意年代）

古今中外三十五則知名人物的夢想與成功故事。

《*The Wonderful Wizard of Oz*》　L. Frank Baum／著　（ibooks）

《綠野仙蹤》是關於一個女孩尋找回家之路的故事，另一個重要的主題是實現夢想。看起來，桃樂絲雖為女主角，但是相對於她誤打誤撞的被動性，其他「配角」反而更能代表實現夢想的積極精神。

《幻想的地誌學》　谷川渥／著　（邊城）

想像力的大旅行。跟著作者進入一個個「烏有之鄉」。

《理想的下午》　舒國治／著　（遠流）

能夠晃蕩與散漫，也是很多人的夢想。舒國治寫出了生活能有這種步調之美。

《空想科學讀本》　柳田理科雄／著　（遠流）

一些實現不了的夢想，裡面仍然可以激盪出許多有意思的觀點。

《尋找黃金的故事》　雅努什・皮耶卡爾基維茨／著　（世潮）

作者結合了史學家與冒險家的精神，跑遍世界蒐集有關尋寶的文字與圖片資料，拼湊出寶藏傳奇的歷史背景與尋寶探險的來龍去脈。

《夢想的翅膀：兒童閱讀飛躍2000年》　幾米、朱里安諾、漢斯比爾等／著　（格林）

本書匯集了數十位國內外插畫家，每人以兩頁篇幅來表達他們心目中「閱讀」世界的樣貌，迷人的魔力所在。

《創造的勇氣》　羅洛·梅／著　（立緒）

一個百思不得其解的問題，為什麼有一天會突然蹦出答案？美國心理學大師羅洛·梅分析創造力的本質、勇氣和限制。

《我偏執，所以我成功》　博恩·崔西／著　（創新）

想要當個實踐夢想的人嗎？這本書以改變思維、改變生活模式開始，來分析每個人可以如何釋放自己的潛能。

《勇敢遇見夢想》　奈爾・克勞夫茲／著　（天下雜誌）

這本書作者現身說法，講他如何辭掉自己不喜歡的工作，全心創立一個自己理想的事業。

《創個小生意，出手賺大錢：40個成功案例直擊》　蘋果日報財經中心／著　（藍鯨）

這本書是二〇〇五年出版的。應該很容易找到類似而更新的書可以參考。

《我買了一個島：卡兒哈甘》　崎山克彥／著　（棋碁文化）

你有過買一個島當島主的夢想嗎？這位日本人在菲律賓實現這件事的原因是：「我想要守護這個由地球孕育出來的自然與生態，在舉世滾滾文明開發浪潮之中，守護著它」。

《人二雄路線好旅館》　詹仁雄／著　（時周文化）

大家都有出國旅行的夢想。作者亮出他的私房路線，還有實用又便宜的撇步。

《開間夢想的雜貨鋪》 富本雅人／著 （博誌）

夢想是大家都想的，實踐夢想的麻煩是大家都怕的。這本書又講了夢想，又把實踐的細節巨細靡遺地列出來，可以當個行動指南。

（這五十本書單，出自Net and Books主題書《夢想》。詳細介紹請參閱原書。）

附錄二：

六類二十八種閱讀的獵人

A 非獵人，非不獵人

1. 不吃任何食物的人

如果你同意閱讀是一種給頭腦的飲食的話，你就一定會發現，太多人是不為他們頭腦進行任何獵食，也不補充任何營養的。他們也許從小學，也許從中學，也許從大學畢業之後，就不和閱讀發生任何關聯了。他們工作，他們吃飯，他們娛樂，他們結婚生子又督促自己的子女努力用功，但就是不再給自己的頭腦任何飲食。我們只能稱他們作——非獵人，非不獵人。

Check point：你是不是有最少一年時間沒有看過一本書了？

B 非獵人

2. 只吃別人煮好，端來食物給他吃的人

然後，有一種人，自己雖然沒有體會到閱讀的重要，但是幸運也不幸地，有人會負責送食物給他吃。他吃得很不對味，有時候吃得填鴨，味同嚼蠟，有時候吃得死去活來，吐了再吃，吃了再吐，但，多多少少，有些東西還是進了他的腦袋。最常看到的這種人，是一些學生——涵蓋小學、中學、大學生。這種人一不小心，從學校畢業，沒有人給他餵食後，就會回頭成為第一種人的狀態。

Check point：你是不是因為學業或工作被逼得不能不看一些書？

3. 不自己料理，只吃便利商店罐裝食品的人

然後，有一種人，有意混雜著無意，主動混雜著被動，知道要給自己的頭腦一些飲食。不過，要他自己動手料理是不可能的，他只想

簡單一點，去吃點罐裝食品就好了。於是他會去買一些別人整理好的「XX智慧一百則」、「XX五十招」諸如此類主題的書來讀讀。他們覺得有吃總比沒吃好，而有得吃也就不必太過挑剔。所以他們不只節省時間，也節省金錢，對廉價書十分注意，地攤上論斤賣的書，很多是為他們準備的。

Check point：你是不是只挑一些簡單的書名，或便宜的價錢來買書？

4. 只去超級市場，只買排行榜的東西來吃

然後，有一種人，知道閱讀可以補充自己的工作能力，閱讀也可以是流行，是一種跟人溝通的話題，因此覺得去高級一點的地方，多花點錢買貴一點的食物似乎也不全無道理。他想多一點料理的動作，可是又不知道該怎麼做，於是微波爐飲食成了他最方便的選擇。而到連鎖超級市場，跟著每日特價品、排行榜名次購買些飲食，就成了他

們最聰明又最便利的習慣了。

Check point：排行榜書單是你買書最重要的依據？或是總是聽別人說什麼書流行了才去買來看？

5. 有眼力在排行榜的東西還沒上排行榜之前，就買來吃的人

然後，有一種人，逐漸發現光是蛋塔流行了吃蛋塔，拉麵流行了吃拉麵不夠檔次。他們覺得自己閱讀的層次與方式都應該不只如此。因此他們在超級市場裡開始靈敏地、飢渴地找尋新上市的食物，注意分析其中的口感與營養。其後，有一天，他們會看著某些上了排行榜的書，很驕傲又得意地說：「哈！你看那本書現在賣成什麼樣子，我買那本書的時候，排行榜上還根本沒影呢！」

Check point：對排行榜書單的事前之明很得意？

6. 一進市場，看了東西就Shopping難停的人

然後，有一種人，隱約體會到閱讀應該還有另一種層次，可以是一種身分，一種品味，一種能力的表徵。於是開始不再把排行榜上的書名或作者掛在嘴邊了。他們進了書店，主要憑著直覺，飢不擇食，又興趣極為廣泛地，把新書平台區大掃射一遍。通常，這些「血拼」讀者已經可以構成最低層次的「藏書家」了。（另兩個層次的「藏書家」見後。）

Check point：是不是覺得每一本新出版的書都很想讀、很想買？

C 新手獵人

7. 第一種喜歡聽獵人講故事的人

然後，有一種人，覺得這樣亂槍打鳥式的血拼可能太過浪費，開始體會自己的頭腦到底需要什麼，偏好什麼口味，於是思考是否應該離開自己熟悉的家園，去遠方進行一些目標清楚、興趣符合的狩獵。但是，閱讀的叢林實在太過遙遠，也太過巨大、陰暗，他們不敢也不知道怎麼動身，因此，他們想先知道打獵是怎麼回事，喜歡聽一些獵人講他們的經驗——但是，還分不清這些獵人是不是吹噓，或者只是轉述他人經驗。

Check point：是不是已經不只注意書店的新書平台區，開始探索書架上的一些角落，但是看得眼花撩亂，分不清該要什麼不要什麼？

8. 第二種喜歡聽獵人講故事的人

然後，有一種人，雖然喜歡聽一些獵人講他們的經驗，但是，已經逐漸聽得出這些獵人是不是吹噓，或者只是轉述他人經驗。

Check point：探索書架上的一些角落時，是不是知道哪些書或哪些著作並不值得特別注意？

9. 喜歡參加團體狩獵的人

然後，有一種人，覺得比較明白自己所感興趣的、自己所需要的狩獵是什麼了，應該是自己要動身出發的時候了。只是閱讀的叢林仍然太過遙遠又陰暗，因此他覺得需要找一些同好，結伴一起出發。

「團體狩獵」可以分幾種不同的形式。第一種，是大家每次共同讀某一本書（通常是讀某種熱門書或暢銷書），然後共同分享心得；第二種，是大家分別讀不同的書，各自交換心得；第三種，是大家共同設定對某本書（通常是所謂比較難讀的書）的閱讀進程，按照時間表逐步推進，把書讀完。我們這裡，主要指的是第二和第三種形式。

Check point：有沒有參加讀書會，或是網路上的一些討論區？

10. 第一種參訪名家的人

然後，有一種人，基於自己已經聽來的一些狩獵知識，開始到處尋訪、請教獵人，聽了一肚子狩獵掌故，有樣學樣地也跟著買了一些書。他已經把打獵整天掛在嘴上，但是或許自認為一肚子掌故和聽來的說法就已經足夠，或者是自己擁有了那些書之後也無從下手，所以自己根本沒有真正閱讀。

Check point：你要誠懇地反問自己：「拾人牙慧」這句話能不能用到自己身上？

11. 第二種參訪名家的人

然後，有一種人，到處尋訪、請教獵人，聽了一肚子狩獵掌故之後，不但有樣學樣地也跟著買了一些書，還當真開始閱讀其中一些比較好下手的書。不要小看小學生或中學生。一些用功的人，一起步就是這種獵人了。

Check point：你買了許多經典名著，但是有沒有開始閱讀過？

12. 在近距離範圍內逐漸養成打獵習慣的人

然後，有一種人，讀了幾本書之後，逐漸從書中看出一些線索，可以憑著線索體會到在自己能力所及的近距離範圍內，還有哪些東西是可以打到的，好打的，有趣的，逐漸養成打獵習慣。他們也開始使用地圖、指南針等專業工具了。

Check point：你有沒有設定一個自己感興趣的方向，開始最少一星期一次地定期搜尋、購買、閱讀這樣的書？

13. 快樂地教一些簡單打獵經驗的人

然後，有一種人，在近距離範圍內打獵甚有收穫，雖然不想也不敢進入叢林的深處，但是他發現光是把近距離範圍的打獵經驗，加上一些自己的體會和心得與別人分享，就可以利人利己。於是他就開起一個講學營，外帶一個導遊團。由於很多人都感到狩獵的重要，但是自己既沒時間又沒能力去進行，因此這種人解決了他們的需求，因而極受歡迎。

Check point：你是不是經常在網路上重複談一些雷同的閱讀心得或經驗？或者可以藉此寫作來維生？

14. 開始向遠方探索的人

然後，有一種人，不但自己能從書中看出一些線索，已經逐漸養成打獵的習慣，他們更不滿足於只是在能力所及的範圍內活動，因而決定向遠方挑戰，跨上準備渡河的獨木舟了。

Check point：你有沒有針對自己感興趣的閱讀主題，最少讀過五十本相關的書，而且其中最少有五本是你原先覺得要鼓起很大勇氣才能開始讀的書？

15. 走遠路，難路走一半，經常徘徊不前的人

然後，有一種人，雖然出發了，雖然上船了，雖然上了另一岸，走得很遠，也看到一些前所未見的獵物，但是那些獵物太過巨大，叢

林太過深邃，他們因為恐懼與疑惑，停下了腳步，徘徊不前。

Check point：在這個領域，你是否願意再繼續深入前進？

D 高等獵人

16. 教一些特別領域狩獵經驗的人

然後，有一種人，雖然進入過叢林的深處，對某一門類的獵物很有了解與經驗，但是發現與其自己繼續追獵下去，不如先在叢林的一角駐紮下來，等後面來人的時候，他就講述這個領域的入門之道，教人這個門類裡的狩獵經驗。

Check point：你有沒有想在學術上當一個講師？

17. 第一種把打獵當成專業，以此為生的人

然後，有一種人，進入過叢林的深處，捕獵、享用過許多獵物之後，發現狩獵別有利益可圖。他可以把獵物當標本出售，也可以出售許多狩獵工具。許多已經可以名列中等等級的藏書家，就可能是這一種人。

Check point：你是不是經常出沒一些古書店（包括實體與網路上的），並可以尋得到寶，但自己並不讀的人？

18. 第二種把打獵當成專業，以此為生的人

然後，有一種人，進入過叢林的深處，捕獵、享用過許多獵物之後，雖然也可能會為下一步的去向而困惑，甚至感到疲累，但是他體認到自己已經身為專業獵人，不能不繼續狩獵下去。

Check point：你是不是可以靠寫作或演講自己的專業研究，而能以此維生的人？

19. 為打獵而瘋狂的人

然後，有一種人，雖然本質上只是第六種人（Shopping難停的人）的進階版，但是他的熱情燃燒的強度與幅度都太大，以至於產生了質變，所以我們起碼從感性上而言，不能不把他們列在這個等級。這種人或是會吞噬各種理論、主義、學說都樂此不疲，或是會瘋狂收購各式各樣的書籍，讓自己每一寸生活空間都被書籍所淹沒。

Check point：你為了讀書或買書，是否已經到了不惜為之傾家蕩產，夫妻為之反目的地步？

20. 把打獵當成樂趣的人

然後，有一種人，狩獵並不是他的專職，但是進入過叢林的深處，捕獵、享用過許多獵物。叢林的陰暗對他不是恐懼，去向的不明對他不是疑惑——他在叢林裡只感到無窮的探險樂趣。因此，不管他專職的事務有多麼繁忙，他總會設法定期進入叢林，享受獵人的快樂與收穫。對他來說，打不到老虎，打隻大鹿也很好。

Check point：你是不是有個自己很忙碌的工作，但是卻有著與工作無關，或不直接相關的閱讀熱情與習慣？

E 終極獵人

21. 有朝一日，突然大夢初醒，決心成為某種頂尖獵人的人

然後，有一種人，過去狩獵不是他的專職，也不是他的興趣。他甚至可能只是第一種非獵人非不獵人，只是，突然，有一天，他大夢初醒，決心成為某種獵物，或某個領域裡頂尖的獵人。於是，他開始瘋狂地趕路，補充自己所有應該補的課、見的人、參加的團體、嘗試錯誤的經驗。（如果他決心名列這個領域裡世界級的專家，至少要具備三種不同語系的外語閱讀能力。）

Check point：你有沒有碰上這一天，不必Check也知道的。

22. 專門尋找某種小標的的人

他尋找的目標，也許不大，是古代的錢幣，或是咖啡，或是汽車，或是郵票，或是野雁，或是某種蘭花。

Check point：你能講得出全世界對這個小標的最有研究的五個人是誰，以及自己和他們的優劣比較嗎？

23. 專門尋找猛獸，不達目的絕不甘休的人

他尋找的目標，也許極大，極難應付。譬如是數學，或是太空生物學，或是佛學。

Check point：你能講出自己的研究在前人之外產生的貢獻是什麼？

24. 專門尋找滅絕動物的人

他尋找的目標，也許已經滅絕了，也許極為稀有。譬如甲骨文的研究。

Check point：你有沒有準備動用考古學、人類學的各種發現，以及跨領域學科知識來進行閱讀？

25. 無意中遍覽群山的人

然後，有一種人，原來只是選定一個方向，努力探索而去，一路顛沛流離，披荊斬棘，踏過閱讀叢林裡最幽暗的角落，看過最珍稀的動物，採擷過最特別的花卉，驀然回首，已經佇立峰頂，群山覽遍。

Check point：你有沒有碰上這一天，不必Check也知道的。

26. 開闢獵場的人

然後，有一種人，因為長期又獨特的狩獵過程，不斷整理知識叢林裡的氣象、環境、路徑，因而開闢出前人所未曾發現新的獵場，成為樹下指引別人前往的路標，為其他獵人提供可以依循的方向。

高等學院裡有某些教授，可以是這種人。有些頂級的藏書家，也是這種人。而不論他們以哪一種面貌出現，最重要的是，他們本身也成為別人狩獵的對象了。獵與被獵的分際湮沒。他們已經化為閱讀叢林裡的一個構成了。

Check point：你的著作，是否可以成為別人的獵場？

27. 超越獵人的人

然後，有一種人，他們所了解的超越了狩獵相關的一切。他們了解的不只是動物、植物，他們了解的不只是叢林的生態與生物的世界，了解的不只是航海與造船的技術，了解的不只是氣候與季節的變化，了解的不只是星辰與宇宙的運行。所有的知識、道理、規則、變化，對他們而言都是一道潺潺而下的溪流，不同的路段掬而飲之有不同的口感，但溪流本身則始終如一。

Check point：你能不能在人生的任何時刻，都覺得這個世界上沒有任何知識與智慧的障礙，沒有覺知與思考的煩惱，微笑以對？

F 另一種非獵人，非不獵人

28. 微笑的人

相信孔子說：「生而知之，上也；學而知之，其次也。」並且也讓別人能如此認知你的人。

Check point：無法設定。

（本文原載Net and Books主題書《閱讀的狩獵》，這裡有局部修改。）

尋找那本神奇的書 / 郝明義著 . -- 初版 . --
臺北市 : 網路與書出版 : 大塊文化發行 ,
2017.02
212 面 ; 13x18 公分 . -- (Passion ; 26)
ISBN 978-986-6841-83-5(平裝)
1. 閱讀
019.1　　　105023784